Pesquisa social

SÉRIE POR DENTRO DAS CIÊNCIAS SOCIAIS

Adriano Premebida
Alexandre da Silva Medeiros
Ana Paula Comin de Carvalho
Cristian Jobi Salaini
Fabrício Monteiro Neves
Marcelo Seráfico
Nilson Weisheimer
Rosimeri Aquino da Silva
Vinicius Pereira de Oliveira

Pesquisa social

Rua Clara Vendramin, 58 . Mossunguê
CEP 81200-170 . Curitiba . PR . Brasil
Fone: (41) 2106-4170
www.intersaberes.com
editora@editoraintersaberes.com.br

Conselho editorial
Dr. Ivo José Both (presidente)
Drª. Elena Godoy
Dr. Nelson Luís Dias
Dr. Ulf Gregor Baranow

Editora-chefe
Lindsay Azambuja

Supervisora editorial
Ariadne Nunes Wenger

Analista editorial
Ariel Martins

Projeto gráfico
Raphael Bernadelli

Capa
Adoro Design

Imagem da capa
P JCB Prod/antherMedia

1ª edição, 2013.

Foi feito o depósito legal.

Informamos que é de inteira responsabilidade dos autores a emissão de conceitos.

Nenhuma parte desta publicação poderá ser reproduzida por qualquer meio ou forma sem a prévia autorização da Editora InterSaberes.

A violação dos direitos autorais é crime estabelecido na Lei nº 9.610/1998 e punido pelo art. 184 do Código Penal.

Dados Internacionais de Catalogação na Publicação (CIP)
(Câmara Brasileira do Livro, SP, Brasil)

Pesquisa social. Curitiba: InterSaberes, 2013.
(Série Por Dentro das Ciências Sociais).

Vários autores.
ISBN 978-85-8212-595-3
Bibliografia.

1. Ciências sociais – Pesquisa 2. Pesquisa – Metodologia I. Título. II. Série.

12-09997   CDD-300.72

Índices para catálogo sistemático:
1. Pesquisa social: Ciências sociais 300.72

EDITORA AFILIADA

Sumário

Apresentação, IX

(1) Perspectivas e problemas de método na pesquisa em ciências sociais, 11
    1.1   Epistemologia do método: o lugar da observação na prática científica, 14
    1.2   Um método ou vários métodos: crítica ao método universal, 18
    1.3   O método nas ciências sociais, 20

(2) O lugar dos valores e da ética na pesquisa em ciências sociais, 25
    2.1   Valores e pesquisa, 28
    2.2   A relação da ética com a pesquisa social, 34

(3) O questionário na pesquisa social, 39
- 3.1 Características gerais do questionário, 42
- 3.2 A construção do questionário, 47

(4) Entrevista em profundidade: para além do esquema pergunta-resposta, 53
- 4.1 A entrevista em profundidade, 55
- 4.2 Estimulando o entrevistado ao ato de narração: elementos sociológicos da situação entrevistador-entrevistado, 57
- 4.3 Aspectos a serem relevados na construção da entrevista em profundidade: etapas da entrevista em profundidade, 61

(5) A observação na pesquisa social: olhar de perto como método, 65
- 5.1 Observação simples, 68
- 5.2 Observação sistemática, 69
- 5.3 Observação participante, 69
- 5.4 Vantagens e desvantagens da observação, 74

(6) O método etnográfico, 77
- 6.1 Surgimento do método etnográfico, 80
- 6.2 Técnicas de pesquisa, 85

(7) Análise documental, 89

(8) Análise comparativa, 99
- 8.1 O potencial da pesquisa comparativa, 102
- 8.2 A tradição dos estudos comparativos na pesquisa social, 103
- 8.3 Problemas metodológicos da análise comparativa, 104
- 8.4 Problemas epistemológicos da análise comparativa, 107
- 8.5 A relação entre pesquisa comparativa e pesquisa histórica, 108
- 8.6 O caso dos estudos transnacionais: globalização, 110

(9) O estudo do texto nas ciências sociais: notas sobre análise de conteúdo e discurso, 113
- 9.1 Análise de conteúdo, 116
- 9.2 Análise de discurso, 121

(**10**) Roteiro para elaboração do projeto de pesquisa, 127

    10.1 Projeto de pesquisa: o todo e as partes, 130

    10.2 O problema de pesquisa, 134

    10.3 Quadro epistemológico do problema: o papel da problemática na construção do problema, 137

    10.4 Uma boa hipótese é "meio caminho andado", 138

Referências, 143

Gabarito, 147

Apresentação

Um dos grandes desafios para aqueles que iniciam o ofício de cientista é estabelecer o elo entre os modelos abstratos gerados pela ciência e a prática de pesquisa. Durante vários anos, o aluno permanece na academia debatendo, absorvendo e empreendendo um passeio intelectual pelos vários paradigmas teóricos, em sua grande maioria, desenvolvidos noutro contexto histórico, a partir de outras variáveis e de condições estruturais distintas. Então, o aluno se depara com a necessidade de traduzir tais modelos em uma prática científica para analisar sua realidade local. Como estabelecer a ponte entre a teoria, os fatos e as realidades que se colocam diante do cientista? Como traduzir os modelos abstratos científicos em pesquisa? A resposta para essas perguntas se encontra no MÉTODO.

Pode-se afirmar que o método é o responsável por estabelecer o nexo entre as ferramentas teóricas de objetivação da realidade e a prática da pesquisa. O método irá nos mostrar como fazer da teoria um componente ativo na análise dos dados que representam a realidade. Além de fornecer as ferramentas, o método é responsável também por estabelecer a ordem e as etapas de aplicação dos procedimentos que regem a pesquisa, visando à produção do conhecimento. O método é a estratégia que permite ligar nossas elucubrações teóricas ao exercício prático de análise daquilo que nos habituamos a classificar como *real* ou *empírico*, reduzindo os riscos de incompatibilidades lógicas no percurso que liga essas duas dimensões. Enfim, o método representa o caminho ou a maneira para se chegar a determinado fim ou objetivo – no caso da ciência, a resolução de determinado problema científico. Tal definição acerca do método pode parecer excessivamente simples. Na verdade, essa definição evoluiu no decorrer da história da ciência – o sentido e o significado do método científico sofreram mudanças em virtude de aprimoramentos epistemológicos e dos erros e acertos dos cientistas.

O presente livro pretende traçar pistas sobre o emprego do método na prática da pesquisa em ciências sociais. Para isso, esta obra visa sintetizar, desde preocupações epistemológicas acerca do lugar do método no exercício da ciência, os problemas que o cercam, a incursão pelas principais técnicas de pesquisa, até apontamentos sobre as etapas de elaboração de um projeto de pesquisa.

(1)

Perspectivas e problemas de método
na pesquisa em ciências sociais

Alexandre da Silva Medeiros é graduado em Ciências Sociais pela Universidade Federal do Rio Grande do Sul – UFRGS, além de mestre e doutor em Sociologia pela mesma instituição. Tem experiência na área de sociologia, com ênfase em outras sociologias específicas. Atua principalmente nos seguintes temas: criminalidade, desigualdade e segregação socioespacial.

Alexandre da Silva Medeiros

O presente capítulo tem como propósito objetivar uma reflexão crítica acerca de algumas questões relacionadas ao método científico. O que, afinal, é o método científico? É, acima de tudo, a arte de observar, pois ela exige um certo refinamento e cuidado, digno de um artista responsável por esculpir sua obra. Muitos dos erros cometidos na pesquisa científica ocorreram devido a uma concepção ingênua sobre os sentidos e os significados da observação. Afinal de contas, o que significa observar? Observar de forma correta é o primeiro passo para aqueles que desejam fazer ciência com responsabilidade e ética.

Nesta parte da obra, analisaremos uma questão que durante muitos anos foi responsável por alimentar polêmicas no campo da sociologia da ciência e epistemologia: deve existir apenas um único método científico, universal e independente do campo disciplinar, ou devem existir vários métodos conforme os diferentes objetos e planos disciplinares? Discutiremos esse aspecto e os problemas que cercam a construção de um método universal único e independente nos diversos domínios disciplinares (sociologia, biologia, química, física etc.). Por fim, faremos alguns apontamentos acerca do método na pesquisa social. Qual deve ser a postura do cientista social em relação ao seu objeto? Será a mesma postura que os físicos, químicos e biólogos mantêm em suas pesquisas? Vamos ver que essa é uma questão problemática, pois o objeto nas ciências sociais guarda singularidades quanto à sua natureza.

(1.1) Epistemologia do método: o lugar da observação na prática científica

O método científico pressupõe uma experiência perceptiva singular sobre a realidade. Nas palavras de Richardson (2008), o método científico encontra seu fundamento na observação do mundo que nos rodeia. As técnicas de pesquisa que compõem o método científico têm como seu principal papel elevar a observação; em outras palavras, essas técnicas têm como função aprimorar, afinar e fornecer precisão aos sentidos do cientista. Portanto, uma definição crítica acerca do método científico pressupõe um exercício de reflexão acerca do lugar da observação na prática científica. Qual o significado e o lugar da observação na prática científica? No que consiste a experiência perceptiva? Existe distinção entre o teórico e o empírico? Entender o sentido da observação representa uma etapa crucial para compreender o significado do método científico e os equívocos que foram cometidos no decorrer da história da ciência.

O filósofo da ciência Fourez (1995) argumenta que existe uma visão espontânea e ingênua acerca da observação, a qual pressupõe que é possível uma experiência perceptiva totalizante e geral. Ela se assenta no argumento de que o cientista observa a realidade, tendo um acesso global e imparcial dos fatos. Os fatos empíricos possuiriam uma realidade e uma "substância" que independem do contexto do observador. Segundo Fourez (1995, p. 38):

> *De acordo com a visão espontânea que a maioria tem da observação, esta diz respeito às "coisas tais como são". É sob este pressuposto que se diz com frequência que a observação deve ser fiel à realidade, e que, ao descrever uma observação, só se relata aquilo que existe. A observação seria uma mera atenção passiva, um puro estudo receptivo.*

Nesse caso, o método científico está apoiado no princípio da indução. O cientista, com base na observação, extrai da realidade empírica os seus modelos teóricos. O problema de uma definição de método científico que tem base no princípio da indução se deve à forma precária de como ela representa a experiência perceptiva do cientista. É preciso, portanto, problematizar o sentido e o significado da observação para que se possa ter uma concepção crítica e realista do método.

Paul Feyerabend, em sua obra *Contra o método* (2007), reforça a fragilidade do método que se sustenta na obtenção de verdades por meio da verificação dos fatos. Feyerabend argumenta que existe uma dependência dos fatos em relação aos aspectos subjetivos da observação, dependendo, em boa parte, do ponto de vista pessoal do cientista. A percepção não fornece fatos objetivos, posto que os fatos são moldados pelas idiossincrasias pessoais que marcam a percepção. O reconhecimento de tal aspecto, longe de ser catastrófico para a ciência, torna sua história mais interessante, embora sem aquele semblante de ordem e harmonia que os professores costumam imprimir quando se referem a ela. O desenvolvimento do espírito científico e do método é caótico e complexo, de acordo com Feyerabend (2007, p. 33):

> *A história da ciência, afinal de contas, não consiste simplesmente em fatos e conclusões extraídas de fatos. Também contém ideias, interpretações de fatos, problemas criados por interpretações conflitantes, erros e assim por diante. Em uma análise mais detalhada, até mesmo descobrimos que a ciência não conhece, de modo algum, "fatos nus", mas que todos os "fatos" de que tomamos conhecimento já são vistos de certo modo e são, portanto, essencialmente ideacionais. Se é assim, a história da ciência será tão complexa, caótica, repleta de enganos e interessante quanto as ideias que encerra, e essas ideias serão tão complexas, caóticas, repletas de enganos e interessantes quanto a mente daqueles que as inventaram.*

Opomos à concepção ingênua sobre a análise a seguinte definição: a observação não representa uma mera atenção passiva ou estudo exclusivamente receptivo, mas a integração da visão a um certo conjunto de noções e concepções teóricas. Em outras palavras, a observação representa uma certa organização da visão, com base em noções, teorias e conceitos adquiridos anteriormente pelo cientista (Fourez, 1995). Nas palavras de Fourez (1995, p. 39):

> *Quando observo "alguma coisa", é preciso sempre que eu "a" descreva. Para tanto, utilizo uma série de noções que eu possuía antes; estas se referem sempre a uma representação teórica, geralmente implícita. Sem essas noções que me permitem organizar a minha observação, não sei o que dizer [...]. Em suma, para observar, é preciso sempre relacionar aquilo que se vê com noções que já se possuía anteriormente.*

Uma observação é uma interpretação: é integrar uma certa visão na representação teórica que fazemos da realidade.

A experiência perceptiva está apoiada em representações teóricas acerca da realidade, o que abala a própria distinção entre proposições empíricas e proposições teóricas. Durante muito tempo, a observação sistemática e fiel dos fatos empíricos foi considerada um dos pilares do método científico e o ponto de ruptura com a metafísica, a religião e o senso comum. A possibilidade de acessar, por meio da verificação, uma realidade passível de constatação, por meio dos sentidos do cientista, foi empregada como forma de elevar o método científico para além das outras formas de apreensão da realidade. A ciência se distinguia assim da não ciência, por possibilitar certezas perceptivas inquestionáveis e acima das divagações e imprecisões metafísicas. No entanto, aquilo que recebe o rótulo de *real* é dependente das conjecturas teóricas do observador, sendo que tais conjecturas variam, classificando de forma distinta as diversas formas de experiência. Nas palavras de Fourez (1995, p. 40):

> *O conjunto das teorias utilizadas para produzir uma relação de observação pode ser mais ou menos importante, ou mais ou menos discutível. Todas as proposições empíricas dependem de uma rede de hipóteses interpretativas da experiência. Porém, elas não se referem às experiências do mesmo modo: não se "observa" do mesmo modo um neutrino, um micróbio, uma cratera sobre a Lua, uma nota de música, um gosto de açúcar ou um pôr do sol.*

As experiências perceptivas são dependentes do contexto em que está inserido o observador e dos instrumentos (teorias, conceitos, técnicas) que ele emprega na sua relação com o mundo. Portanto, não existem fatos ou objetos independentes do observador. Aquilo que serviu de fundamento ao método científico durante tanto tempo na história, a possibilidade de acessar certezas perceptivas por meio da verificação, deve ser refutado. As noções de realidade e objetividade assumem um novo *status* a partir da crítica sobre a visão espontânea da observação. O que acontece ao método quando descobrimos que os objetos não possuem uma existência independente do observador, ou, então, quando o princípio da verificação por meio da observação neutra e imparcial é desconstruído? Considerar tais questões abre caminho para uma nova concepção de objetividade e de método científico, neutralizando os erros do passado.

Edgar Morin, apoiando-se na psiquiatria e psicanálise do conhecimento, aprofunda tal crítica ao argumentar que aquilo que percebemos como realidade é fruto de processos cerebrais e de nossos complexos existenciais. Aquilo, portanto, que o sujeito percebe e classifica como *real* depende de um engajamento da consciência e da experiência existencial no plano do conhecimento. O estado psíquico do indivíduo é responsável por estabelecer consistência (menor ou maior) ao que consideramos como realidade, como bem afirma Morin (1999, p. 141):

> Constatamos que as nossas interpretações da realidade não são independentes dos nossos estados psíquicos profundos, os quais estão em interdependência com os estados bio-neuro-cerebrais. Os estados de exaltação estão ligados ao otimismo; os depressivos, ao pessimismo; e, quando passamos de uns aos outros, nosso mundo se torna tanto mundo de miséria, de fracasso e de tragédia, quanto mundo de realização, de plenitude e de felicidade. O próprio real pode perder ou retomar consistência de acordo com os nossos estados existenciais; assim submetido a fases de abatimento consecutivas a uma doença hepática, observei: "Então? Minhas ideias dependem do meu tônus? O real depende de minha vitalidade?".

Logo, é possível afirmar que tanto não existe uma realidade objetiva no sentido de independente do contexto e dos instrumentos do observador quanto, na verdade, nossas visões de mundo são dependentes do nosso estado existencial e de nossas representações teóricas. Para os cientistas do passado, que seguiam uma orientação teórica positivista, a ciência deveria se basear em fatos objetivos, cujo método de acesso era o uso metódico dos sentidos (Chalmers, 1994). A experiência perceptiva do cientista, o princípio da verificação, permitia assim apreender os fatos do mundo com suas regularidades. No entanto, se aquilo que percebemos é gerado por nossas expectativas, nossas representações teóricas e por circunstâncias existenciais, o método científico não pode se fundamentar na observação passiva dos fatos (princípio positivista da verificação). A própria noção de objetividade precisa ser remodelada. Como é possível objetividade no conhecimento científico, se nossas experiências perceptivas são determinadas em profundidade por aquilo que somos e acreditamos?

Neste ponto, a construção de um conceito crítico acerca do método ganha força e necessidade. A tese positivista tradicional que crê na possibilidade de derivar as teorias e leis dos fatos não se sustenta. A objetividade não é dada por meio da verificação sistemática e metódica. A objetividade é CONQUISTADA, ou melhor, parafraseando Bourdieu, Chamboredon e Passeron (1999): os FATOS são CONQUISTADOS, e não fornecidos de forma espontânea por meio da experiência imediata do observador. Os fatos não justificam ou fundamentam o método, mas o método encontra sua razão por meio do fornecimento dos procedimentos e ferramentas que são necessários à conquista dos fatos e da objetividade. Os dados são uma construção por meio do método: "Os dados não são coletados, mas produzidos. Os fatos não existem de forma independente do meio pelo qual são interpretados, seja um modelo teórico explícito, um conjunto de pressupostos ou os interesses que levaram os dados a serem coletados em primeira instância" (May, 2004, p. 43).

Independente do campo disciplinar científico, as várias ferramentas que são colocadas ao alcance do cientista (o telescópio, o raio X, a entrevista, o questionário etc.) são formas de potencializar a experiência perceptiva do cientista – em outros termos, representam formas de elevar a observação do cientista.

Com base nos apontamentos críticos sobre o lugar e papel da observação na prática científica, podemos enunciar as seguintes conclusões acerca do método científico:

- A ideia de método científico como estudo receptivo e neutro, apoiado na observação passiva dos fatos, visando, assim, extrair teorias e leis, é refutada. Não é possível acessar uma realidade objetiva e absoluta por meio dos sentidos, pois a observação é dependente do observador, dos seus instrumentos e do seu contexto.
- A objetividade e os fatos não são dados por meio dos sentidos, mas construídos por meio do método. Logo, não são os fatos que fundamentam o método científico, mas o método científico que fornece conteúdo e significado aos fatos. Portanto, as técnicas metodológicas representam teorias em ação, comportando concepções de mundo e realidade.
- As técnicas, procedimentos e etapas que compreendem o método científico e que servem para ordenar a prática do cientista são responsáveis por assegurar a objetividade, ao padronizar e especializar a observação, permitindo, assim, reduzir a interferência dos fatores "pessoais" e idiossincráticos na observação.

(1.2) Um método ou vários métodos: crítica ao método universal

Vamos, neste item, abordar outro problema que cerca o método científico. Uma das principais estratégias, no sentido de estabelecer a distinção e a superioridade da ciência em relação a outras modalidades do saber e da apreensão da realidade, se expressou na tentativa de criação de bases universais ao método científico. Na história da ciência, esse foi um tema polêmico e amplamente enfocado, sobre as dificuldades e os problemas que cercam a construção de um método universal. Estabelecer um método universal significa exatamente que todas as ciências, da física às ciências humanas, empregariam um único método independente das especificidades que marcam cada área científica e seus respectivos objetos.

Uma das principais abordagens estabelecia a física como paradigma da "boa" ciência, ou como parâmetro para distinguir a ciência da não ciência. Em outras palavras, as diferentes modalidades de ciência deveriam ser testadas de acordo com a história da física (Chalmers, 1994). Portanto, os critérios metodológicos e os procedimentos de validação da física deveriam ser tomados como exemplo para as demais ciências e estendidos a elas. Uma justificativa para isso era o êxito e a maturidade que a física, até então, desfrutava quando comparada a outras formas de conhecimento. A perspectiva positivista se apresenta entre os defensores da necessidade de um método universal e único para todas as ciências e apoia a física como modelo da boa ciência.

O primeiro aspecto crítico que enfraquece a possibilidade de estabelecer bases universais ao método científico, tomando a física como paradigma de referência, menciona as diferenças presentes nos diversos campos disciplinares. Um exemplo emblemático disso é a comparação das ciências sociais com a física, feita por Chalmers (1994, p. 28-29), no que se refere à natureza do objeto das duas:

> Quando se presume que os métodos e padrões a que se chega dessa maneira sejam em geral aplicáveis à biologia, à psicologia, à teoria social e afins, tacitamente pressupõe-se que a física constitui o paradigma da boa ciência, à que todas as outras ciências devem aspirar. À primeira vista existem razões amplamente reconhecidas para rejeitar-se essa pressuposição. Os povos, as sociedades e os sistemas ecológicos não são objetos inanimados a serem manipulados da mesma maneira que os objetos da física [...]. Enquanto as teorias sociais ou algumas das teorias psicológicas influenciam a disposição ou as ações das pessoas, elas têm um efeito sobre os sistemas a que supostamente se aplicam de uma forma que as ciências físicas não têm.

Outro aspecto problemático que acaba por minar a estratégia de construção de um método universal com base na física é que, mesmo nessa área, os padrões não são fixos ou universais, estando em constante mudança. A física transforma o seu método e os seus padrões de análise conforme encontra no seu caminho problemas práticos. Seu campo metodológico não está estagnado, mas em constante transformação, segundo os novos desafios e dilemas que são colocados aos cientistas físicos. Podemos citar o caso da corrosão dos princípios da visão newtoniana e o impacto da física quântica e da teoria da relatividade. Nas palavras de Chalmers (1994, p. 33-34):

> Surge mais uma dificuldade para os que defendem os métodos e padrões universais no momento em que se admite que os métodos e padrões da física estão sujeitos à mudança e que estão sujeitos a essas mudanças precisamente nas ocasiões que a física faz mais um avanço impressionante. Os cientistas alteram seus métodos e padrões quando aprendem, na prática, o que se ganhará com essa mudança.

Chalmers conclui que, mesmo se os padrões da física são mutáveis, sobretudo quando o cientista se vê colocado diante de novos problemas e desafios práticos, torna-se insustentável a defesa de um método universal para a ciência. Portanto, com base no que foi apresentado, podemos enunciar o seguinte:

- Não é possível a construção de um método universal que reúna os mesmos princípios, técnicas e procedimentos, independentemente das características distintas das diversas áreas disciplinares.
- Não é plausível adotar a física como modelo ideal para as demais ciências, pois os padrões metodológicos e objetos da física são diferentes dos padrões e dos objetos das outras disciplinas científicas.
- Os padrões de verificação e observação estão longe de fornecer bases seguras para a construção de um método universal, sofrendo variações conforme a história, a sociedade e o indivíduo.
- Mesmo a física, considerada pelos mais ortodoxos como paradigma da boa prática e do método científico, vem sofrendo revoluções radicais em seus paradigmas e padrões metodológicos diante dos novos desafios práticos, o que torna ainda mais insustentável o projeto de construção de um método universal para a ciência.

(1.3) O método nas ciências sociais

A complexidade do objeto e dos problemas sociológicos debilitam ainda mais qualquer estratégia de emprego do mesmo método e da objetividade da física ou das ciências da natureza para a análise dos fenômenos da vida social. O método, nas ciências sociais, precisa dar conta de um objeto dotado de capacidade reflexiva, que planeja suas ações em interação com seu ambiente, não reagindo de forma mecânica a ele. Nos termos de Bourdieu, Chamboredon e Passeron (1999, p. 50), a maldição das ciências humanas é o fato de abordarem um objeto que fala. Portanto, os cientistas sociais estão lidando com um objeto que se distingue radicalmente dos átomos e das moléculas. Giddens (2005, p. 510) ressalta a diferença entre estudar seres humanos e os objetos da natureza:

> *Diferentemente dos objetos da natureza, os humanos são seres autoconscientes, que conferem sentido e propósito ao que fazem. Não podemos sequer descrever a vida social com precisão a menos que primeiro compreendamos os conceitos que as pessoas aplicam ao seu comportamento [...]. Existe ainda outra razão que diferencia o estudo da sociedade do estudo do mundo natural. Estamos constantemente criando e recriando as sociedades em que vivemos por meio de nossas próprias ações.*

A sociedade não é uma entidade estática ou imutável; as instituições sociais estão sendo continuamente reproduzidas ao longo do tempo e do espaço por meio das ações repetidas dos indivíduos. A sociologia interessa-se pelo estudo dos seres humanos, e não de objetos inertes. Portanto, a relação entre a sociologia e o seu tema é necessariamente diferente da relação entre os cientistas naturais e o mundo físico. Os seres humanos têm a capacidade de entender o conhecimento social e de responder a ele de uma forma que os elementos do mundo natural não conseguem. É dessa forma que a sociologia pode servir como uma poderosa força libertadora.

Diferentemente do pesquisador das ciências da natureza, o cientista social precisa lidar de forma mais explícita com o sentimento de pertencimento. Ele está analisando uma realidade que o cobre, que o compreende; em outras palavras, o cientista social analisa o seu ambiente social, o meio no qual ele está inserido e no qual participa não apenas na condição de cientista, mas de cidadão. Então, o que fazer com o sentimento de pertencimento nessa situação, tendo em vista que o objeto sociológico representa o próprio meio em que o sociólogo se encontra inserido? É possível uma prática de pesquisa objetiva em ciências sociais, apesar desse sentimento de pertencimento? Como lidar com ele? Enfim, essas são as questões que pautam a preocupação das principais perspectivas e escolas de pensamento na pesquisa social e que podem ser enunciadas da seguinte forma: É possível objetividade na pesquisa em ciências sociais, se os pesquisadores são membros da sociedade e precisam lidar com seus valores, seus preconceitos e suas crenças? Para que se tenha uma prática de pesquisa objetiva em ciências sociais, é desejável ou necessário que seja suspenso o sentimento de pertencimento?

Algumas escolas de pensamento defendem a necessidade de se suspender esse sentimento de pertencimento para se fazer boa ciência, como é o caso do positivismo. Vimos que essa perspectiva não é viável sequer para o caso das chamadas *ciências duras* ou *ciências da natureza*, pois mesmo na pesquisa científica em física as intenções subjetivas do cientista acabam influenciando seu objeto. Outras perspectivas defendem a necessidade de se incorporar esse sentimento de pertencimento de forma crítica, de se aprender a lidar com ele, de se desenvolver consciência sobre o fato de que estamos analisando um objeto que, muitas vezes, representa o ambiente institucional, político e cultural do qual fazemos parte. É o caso, por exemplo, do realismo, uma perspectiva teórica que parte do princípio de que as atitudes subjetivas dos indivíduos possuem uma interação dinâmica com o ambiente social circundante (May, 2004).

Se, portanto, não é possível desligar o pesquisador do seu contexto social e político, garantindo a tão cobiçada neutralidade axiológica sonhada pelos positivistas, cabe ao cientista social problematizar o contexto ao qual ele pertence e incorporar, de forma reflexiva, as consequências desse contexto sobre o seu objeto de análise.

(.) Ponto final

Este capítulo procurou objetivar uma reflexão crítica acerca dos problemas que cercam o método científico e que são responsáveis por mistificá-lo. A ciência usufruiu de uma posição privilegiada nos últimos séculos, tendo sido elevada à condição de saber superior, inquestionável, acima das crenças e dos valores. Se a ciência, no passado, contribuiu com a superação de obscurantismos que marcaram o pensamento, ela acabou fundando também novos sistemas de crenças e valores, os quais são, consequentemente, tão negativos quanto os mitos que ela ajudou a destruir. Tal fato reforça ainda mais a relevância do exercício crítico de pensar o método, de desconstruí-lo, não no intuito de invalidar a ciência, mas de despojá-la de seu manto formado por mitos e ilusões.

No esforço de (des)construção do método, partimos de um exame crítico de um dos seus fundamentos: a observação. Demonstramos que o método científico, na sua concepção convencional, não se sustenta, pois está assentado em uma visão ingênua sobre o papel da observação na prática científica. A observação não permite o acesso a uma verdade inquestionável e absoluta sobre os fatos; portanto, a observação não representa uma mera atenção passiva ou um estudo estritamente receptivo. Construímos os fatos e os objetos em função de nossas experiências teóricas e existenciais, o que exige uma redefinição acerca do método e da função da observação.

Nosso esforço de crítica seguiu em direção à reflexão sobre um dos temas mais polêmicos na epistemologia: a construção de um método universal. Durante muito tempo, tentou-se estabelecer critérios universais ao método, os quais seriam empregados independentemente do campo disciplinar, dos seus problemas e dos seus objetos específicos. Demonstramos que essa estratégia está fadada ao fracasso, tendo em vista que os padrões de observação e verificação variam conforme circunstâncias históricas, sociais e culturais. Outro aspecto responsável por enfraquecer a tese do método universal é o fato de que cada campo disciplinar possui objetos e problemas específicos. Os pesquisadores em ciências sociais estão lidando com um objeto singular. Esse objeto, diferentemente dos objetos de outras disciplinas, é dotado de capacidade reflexiva e possui uma natureza fluida e inconstante. Os ambientes sociais e culturais possuem forma e conteúdo diferentes das rochas, das moléculas e dos átomos. Os sistemas políticos, sociais e culturais são dotados de uma complexidade peculiar que justifica a singularidade do método científico na pesquisa social. Os objetos nas ciências sociais são dotados de especificidades que os distinguem dos objetos da química, da física e da biologia.

Atividades

1. Sobre o lugar da observação no método científico, marque a alternativa correta:
   a. A observação representa uma atenção passiva, portanto, um estudo exclusivamente receptivo.
   b. A observação, por sua natureza universal, permite captar fatos objetivos que independem do meio no qual o observador está inserido. Por isso, ela representa um fundamento seguro do método científico.
   c. A observação é um procedimento amplamente empregado pela ciência porque ela diz respeito às coisas tais como elas são.
   d. A observação representa a integração da visão com um conjunto de noções teóricas, o que transforma nossas experiências perceptivas em um acesso parcial à realidade.

2. Indique a alternativa correta:
   a. A física representa o paradigma da ciência ideal porque seus métodos e padrões estão sujeitos a mudanças, o que torna essa área do conhecimento um modelo perfeito para as demais disciplinas científicas.
   b. Existe um quadro de similitudes em relação aos problemas enfrentados pelos cientistas, justificando, assim, a necessidade de um único método para todas as ciências.
   c. O método científico se desenvolve quando desafiado por problemas práticos que são distintos conforme os diversos campos disciplinares.
   d. O princípio da verificabilidade fornece bases seguras ao método científico, porque por meio dele é possível acessar os fatos como eles realmente são.

3. Sobre o método nas ciências sociais, marque a alternativa correta:
   a. Na análise dos fenômenos sociais, é preciso que o pesquisador adote a mesma postura do físico em relação ao seu objeto.
   b. A pesquisa social apresenta como peculiaridade o desafio de enfrentar um objeto dotado de capacidade reflexiva, pois trata de indivíduos e não de moléculas e átomos, como as ciências da natureza.
   c. Para que a pesquisa social tenha rigor em seus resultados, é preciso que ocorra o desligamento do pesquisador em relação ao seu contexto social e cultural.
   d. A perspectiva positivista se caracteriza por considerar as atitudes dos indivíduos um componente ativo no ambiente social.

(2)

O lugar dos valores e da ética na
pesquisa em ciências sociais

Alexandre da Silva Medeiros

O presente capítulo tem como propósito promover uma reflexão crítica acerca do lugar dos valores e da ética no processo de pesquisa em ciências sociais. Vamos procurar demonstrar que é refutável a separação mecânica dos valores dentro do processo de pesquisa, tal como pregavam os cientistas identificados com o paradigma positivista. O conhecimento não é politicamente neutro, como foi idealizado pelos cientistas do passado. Ao mesmo tempo, a ciência mantém uma relação complexa com o mundo cotidiano e as crenças presentes nele. É necessário levantarmos a interrogação sobre qual o lugar dos valores na pesquisa científica e em ciências sociais, ou como os valores influenciam a pesquisa científica.

Por fim, se o conhecimento científico não é politicamente neutro, sua utilização produz sérias implicações na sociedade e nas relações de poder que a perpassam. Cabe a nós, portanto, identificar o papel da ética na pesquisa científica e suas abordagens teóricas. São essas questões que tentaremos apresentar ao leitor neste capítulo.

(2.1) Valores e pesquisa

Vimos anteriormente que, embora a ciência tenha tentado se firmar com base na separação entre sujeito e objeto, ela não é politicamente neutra, mas dependente dos valores dos cientistas que fazem parte da comunidade científica. É preciso agora levantar a questão sobre como os valores atuam no contexto da pesquisa científica. Quais são as etapas e os pontos de influência dos valores na pesquisa?

Conforme May (2004), existem duas modalidades de juízos de valor: os chamados *juízos de valor positivos* e os *juízos de valor normativos*. O primeiro compreende aqueles enunciados que informam o que acontece, colocando em outras palavras: "o que são os fatos". O segundo, por sua vez, se diferencia do primeiro por compreender as enunciações que afirmam o que deveria acontecer, ou "como deveriam ser os fatos".

Como vimos, a ciência tradicional buscou construir justificativas em torno da sua prática por meio da insistente dissociação entre essas duas dimensões de juízo. Segundo os cientistas positivistas, era preciso estabelecer uma separação radical entre juízos positivos e juízos normativos. À ciência caberia apenas a produção de enunciados positivos, informando a natureza dos fatos e não como os fatos deveriam ser: portanto, separação entre juízos positivos e juízos normativos, separação entre fatos e crenças e, em última instância, separação entre sujeito e objeto.

Temos enfatizado em vários momentos que essa separação mecânica entre fatos e crenças, ciência e sociedade, sujeito e objeto não se opera dentro dos parâmetros ingênuos propostos pelos cientistas positivistas, mas que existe uma interação complexa entre essas dimensões. Como afirma Santos (2002, p. 78):

> Parafraseando Clausewitz, podemos afirmar hoje que o objeto é a continuação do sujeito por outros meios. Por isso, todo conhecimento emancipatório é autoconhecimento. Ele não descobre, cria. Os pressupostos metafísicos, os sistemas de crenças, os juízos de valor, não estão antes nem depois da explicação científica da natureza ou da sociedade. São parte integrante dessa mesma explicação.

Mesmo aquelas ideias que julgamos as mais puras, mais racionais, são produto de um sujeito que é estruturado por complexos existenciais. Retirar visibilidade sobre essa dimensão do problema não significa neutralizá-la, mas acentuar ainda mais a mistificação acerca da origem do conhecimento, impedindo de perceber sua inegável raiz existencial e suas implicações tanto valorativas quanto políticas. Sobre tais vínculos entre complexos existenciais do sujeito e o objeto, Morin (2007, p. 78), por meio de uma psicanálise do conhecimento, afirma o seguinte:

> Desde já, podemos admitir que desejos, temores, fantasias, infiltram as ideias que acreditamos mais puras; quantos arquétipos profundos modelam, sem que o saibamos, nossas visões de mundo; quantas experiências primordiais da primeira infância contaminam em profundidade a relação de cada um com o conhecimento.

Gonzáles Casanova reforça o quanto a ciência, do passado aos dias de hoje, está atrelada aos valores e às crenças, o quanto os sistemas de valores e de crenças interferem no sentido de definir a forma e o conteúdo da ciência como a conhecemos hoje. De acordo com o referido autor (Gonzáles Casanova, 2006, p. 253):

> No curso de sua evolução, ciências e crenças vivem mais ou menos juntas. A superioridade das ciências do Ocidente no conhecimento e transformação do mundo não pode ser entendida sem as crenças dos gregos do século VI a.C. ou sem as crenças judaico-cristãs. A contribuição da Grécia apareceu em sua profana mitologia de deuses e de heróis, mas, sobretudo, nesse desprendimento que deu à filosofia uma vida autônoma. De seus primeiros filósofos surgiram explicações ontológicas que vinham do Egito. Não atribuíam aos deuses, ou a Deus, a origem do mundo, mas sim ao fogo, à água e, em geral, aos elementos naturais. Do sol dos egípcios e da razão dos gregos nasceu a civilização ocidental. Ou parte dela. As explicações sobre "as origens do mundo" inseriram-se no "amor à verdade", na "filosofia" que propôs distinguir e superar as "opiniões" mediante "a dúvida", mediante "a argumentação" e "o diálogo". Na "filosofia" começaram todos os paradigmas da ciência ocidental com suas próprias crenças e métodos de pensar e fazer. Na Grécia não só surgiram outras crenças religiosas, mas também outras crenças científicas.

Uma visão tradicional da ciência partia do princípio da necessidade de separar o domínio positivo do domínio das crenças e dos valores. No entanto, como vimos, essa concepção de ciência negligencia a complexidade que marca a relação entre ciência e sociedade. Não é possível estabelecer uma simples ruptura com o domínio da crença. Essa visão não percebe que a ciência não apenas é responsável por questionar crenças e valores, mas é também responsável por fundar novos sistemas de crenças. Em outras palavras, o conhecimento científico não apenas representa uma ruptura com o universo da crença, mas também acomoda novos sistemas de crenças e valores. No caso das ciências sociais, esse aspecto se torna ainda mais crítico, já que a pesquisa social tem o poder de influenciar a natureza do seu objeto de uma forma que as ciências naturais não conseguem. A produção teórica das ciências sociais não apenas representa um quadro de inteligibilidade sobre um fato analisado, mas também modifica a natureza desse fato. Isso se deve à própria natureza da sociedade. Segundo Giddens (2005, p. 510):

> Estamos constantemente criando e recriando as sociedades em que vivemos por meio de nossas próprias ações. A sociedade não é uma entidade estática ou imutável; as instituições sociais estão sendo continuamente reproduzidas ao longo do tempo e do espaço por meio das ações repetidas dos indivíduos.

Um estudo sobre o comportamento das baleias ou dos primatas ou, ainda, uma análise sobre a órbita de determinado planeta não irá interferir sobre a natureza do objeto da mesma forma que uma análise sobre os fatores responsáveis pela violência ou pelo desemprego na sociedade. Provavelmente, os estudos sobre os casos de violência ou desemprego terão um efeito crítico sobre a realidade ao apontarem caminhos para a elaboração de políticas de intervenção sobre esses problemas. Tais estudos podem também fornecer novas "crenças" e concepções teóricas acerca dos fenômenos da violência e do desemprego. No século XIX, prevaleciam teorias explicativas sobre a violência, a agressividade e o comportamento desviante com um forte conteúdo reacionário e racista. As pesquisas sociológicas contribuíram de forma decisiva para a ruptura com essas crenças racistas, refutando a relação entre raça e criminalidade, por exemplo. No entanto, novos sistemas de crenças foram fundados, em parte, também, pela pesquisa sociológica tradicional, como a relação entre pobreza e violência, ou da maior presença da violência naqueles espaços urbanos fisicamente degradados ou com infraestrutura precária.

Portanto, não é possível uma separação mecânica entre fatos e valores, como os defensores de uma visão positivista de ciência defendiam. Como bem afirma May (2004), existe uma interação constante entre prática científica e crenças sociais, com efeitos resultantes sobre a prática de pesquisa, assim como sobre os sistemas de crenças. O reconhecimento sobre essa questão nos leva a uma redefinição do problema: em vez de procurarmos o impossível – no caso, a eliminação dos valores do processo de pesquisa –, precisamos identificar quais são os valores que atuam na forma de juízos e seus impactos sobre a pesquisa social científica. Ainda conforme May (2004, p. 65):

> não estamos procurando eliminar os valores, porque eles informam e relacionam--se às próprias razões pelas quais temos as nossas crenças, assim como às coisas às quais aspiramos. Em seu lugar, poderíamos procurar mudar os valores que guiavam a maneira na qual a organização era administrada. Então, precisaríamos entender

as maneiras nas quais os valores entraram nesse processo e em que contextos, sem falar da natureza e da dinâmica do poder e do seu relacionamento com as posições hierárquicas na organização.

A primeira questão que precisa ser levantada é que a pesquisa não representa um conjunto de procedimentos estritamente técnicos, isentos da contaminação dos fatores extracientíficos ou, em outras palavras, das influências externas. A pesquisa não ocorre em um vácuo estrutural ou fora da sociedade, mas, como o próprio sujeito de conhecimento, o cientista, ela se encontra enquadrada em determinado contexto social, que exerce influências sobre os procedimentos e atos do cientista. May (2004) afirma que, para entender a forma como os valores influenciam na pesquisa, é preciso que o cientista levante um conjunto de questões visando problematizar o contexto em que se dará a investigação. Tais questões podem ser enunciadas da seguinte forma:

- Quem está financiando a pesquisa?
- Com que intenção a pesquisa está sendo financiada?
- Como a pesquisa foi conduzida e por quem?
- Quais os problemas associados ao planejamento e execução da pesquisa?
- Como os resultados foram interpretados e utilizados?

Conforme May (2004), colocar essas questões, no intuito de problematizar o contexto da pesquisa, é um ato de fundamental importância que o cientista precisa assumir para começar a entender a influência dos valores sobre a investigação que ele pretende levar a cabo.

No debate em ciências sociais, sobre a questão da interferência dos valores, nunca foi um consenso sobre em que momento os valores eram responsáveis por interferir na pesquisa. Em alguns casos, reconhecia-se a interferência dos valores apenas em uma etapa inicial da pesquisa, devendo as etapas posteriores se manterem neutras ou isentas da contaminação. Assim, a interferência dos valores era reconhecida apenas no momento da escolha do pesquisador por determinado tema ou fenômeno de análise. No entanto, May (2004) argumenta que a influência dos valores não se limita apenas à primeira etapa, que se refere à escolha do tema. Os valores influenciam todos os momentos da pesquisa, do seu início à sua conclusão. O autor (May, 2004) mostra isso ao apontar cinco estágios de penetração dos valores na pesquisa:

- interesses que levam à pesquisa (relevante para quem e por quê);
- objetivos, metas e planejamento do projeto de pesquisa;
- processo de coleta de dados;
- interpretação dos dados;
- a utilização feita das descobertas de pesquisa.

Em todas essas etapas, do momento em que o cientista demonstra interesse sobre determinado fenômeno em detrimento de outros, passando pelo planejamento do projeto, pela coleta e interpretação dos dados, até a utilização final das descobertas, há interferência de valores na pesquisa.

Uma forma de entendermos melhor o impacto dos valores no contexto da pesquisa consiste em nos perguntarmos sobre como dado assunto ou fenômeno na sociedade passa a ser investido de visibilidade, em detrimento de outros. Em outras palavras, como determinado fato ou fenômeno da sociedade se transforma em problema social pertinente?

A pesquisa social científica procura eleger certos temas de interesse com base em fenômenos que mais se destacam na realidade. É comum o cientista social direcionar seu interesse sobre os assuntos e temas do momento. Por exemplo: o crescimento do interesse sobre o tema da criminalidade urbana que ocorre após o final da ditadura no Brasil não ocorreu de maneira espontânea. Durante a ditadura militar, a violência comum não tinha tanta visibilidade, devido a outro tipo de violência: a política, envolvendo o governo militar e as organizações políticas de resistência. Não que não existisse a violência difusa sem motivação política nessa época, mas ela acabava ofuscada devido à atenção pública sobre a violência política. Após o final do referido período, a violência difusa e a criminalidade urbana comum ganharam visibilidade e passaram a despertar maior interesse por parte dos cientistas sociais.

Será que essa atenção sobre determinado fenômeno e fato se dá de forma aleatória? Quais são os mecanismos envolvidos na transformação de um fato social em problema social? Quais são os dispositivos que atuam na seleção dos fatos, permitindo que alguns sejam mais percebidos que outros? Na própria definição de um fato como problema social, existe a interferência de valores. De acordo com May (2004), a forma como um problema social é definido ou ganha atenção e notoriedade pública depende da influência de valores, assim como também permite que os valores vinculados a determinado grupo social predominem sobre os valores de outro grupo. É comum a violência cometida contra as classes média e alta ganhar maior visibilidade que a violência que tem como alvo as classes populares. Se uma criança, filha de pais da classe média, é assassinada, com certeza o fato irá se converter em matéria na mídia e nos meios de comunicação, enquanto que, todos os dias, meninos e meninas, negros e pobres, são assassinados nas periferias do país, sem qualquer atenção da mídia ou dos órgãos públicos. Você já se perguntou o porquê disso? Se não, vamos tentar compreender esse fenômeno neste ponto do texto.

De acordo com May (2004), o fato de determinado conjunto de fatos e valores predominarem em detrimento de outros só pode ser entendido se levarmos em consideração três dimensões da realidade: a cultura, a história e o poder. Culturas diferentes apresentam valores diferentes. Portanto, conforme o contexto cultural, teremos a predominância de valores distintos. Conforme os valores de diferentes grupos culturais variam, varia também a percepção sobre o problema. O que representa problema para dado grupo pode não ser problema para outro grupo. Um exemplo pode ser o caso do casamento entre homossexuais, que pode gerar estranhamento àqueles que não aceitam a união entre duas pessoas do mesmo sexo, por razões religiosas ou homofóbicas (May, 2004).

A dimensão histórica também é responsável por imputar mudanças na difusão e percepção de valores. Conforme o tempo passa, transformam-se também as atitudes em relação aos eventos. A tolerância e a aceitação sobre determinados aspectos variam historicamente. Temos o exemplo histórico da luta das mulheres pelo direito ao sufrágio ou também o da luta dos negros e abolicionistas contra a escravidão (May, 2004).

A terceira dimensão que é determinante na definição de um fato como problema social se refere à distribuição diferencial do poder. O poder social é distribuído de modo diferente conforme os grupos sociais. Alguns grupos sociais, devido ao seu capital social e econômico, apresentam maiores níveis de poder que outros e, por isso, possuem maior poder no sentido de definir uma situação ou fenômeno como problema. É o caso do exemplo da percepção sobre o crime contra os pobres e as classes média e alta. Parece que, quando o alvo da violência são os setores materialmente marginalizados da sociedade, ela não chega a ser reconhecida como um problema grave. Diferentemente, quando a vítima é oriunda das classes média e alta, há uma atenção especial por parte da mídia e dos meios de comunicação, que exploram o fato até a exaustão (May, 2004).

Portanto, o dilema colocado pela influência dos valores no contexto da pesquisa não pode ser resolvido por meio da exclusão desses valores, tarefa que se mostra utópica. É preciso que o cientista social desenvolva plena consciência sobre as etapas e os tipos de valores que atuam na forma de juízos sobre a pesquisa. Essa consciência irá permitir o tratamento e controle dos valores, impedindo que eles comprometam os resultados da pesquisa. A adoção de uma posição cínica diante dos valores, ou simplesmente de negação, não é suficiente para neutralizá-los, mas já diminui o controle do cientista sobre o impacto dos valores na pesquisa. Geralmente, tal postura tem consequências extremamente negativas. Como bem afirma May (2004, p. 84), assumir uma postura de "neutralidade", um conceito vazio, com poder apenas de rótulo, significa permitir que os valores dos grupos dominantes sejam representados, ocasionando a naturalização das relações de dominação.

> Os valores e experiências não são algo a ser posto entre parênteses como se sua entrada no processo fosse vergonhosa. Pelo contrário, atualmente muitos defendem que é necessário um exame dos valores básicos e da sua relação com as decisões e estágios da pesquisa para prover justificativas para pesquisa social válida e significativa. O objetivo não é a sua eliminação, pois isso é impossível. Ao invés, essas críticas reconhecem que a pesquisa acontece em um contexto em que frequentemente a predominância de certos interesses e valores implica a exclusão de outros. Então, a pesquisa "objetiva" não é alcançada ao se aceitar de modo acrítico aqueles como autoevidentes. Com frequência, essa perspectiva resulta na perpetuação de práticas discriminatórias. (May, 2004, p. 84)

Logo, não se trata de um problema de escolha do cientista, mas de possibilidade. Não é possível simplesmente apagarmos nossos valores e nossas experiências. Uma forma madura e correta de lidarmos com os possíveis efeitos dos valores e experiência na pesquisa científica consiste simplesmente em tomarmos consciência da existência deles. Já que não é possível a eliminação desses "resquícios de subjetividade" do cientista, encarar os valores e a experiência pessoal permite um maior controle e responsabilidade sobre os resultados de pesquisa. Negligenciar isso pode resultar na perpetuação dos valores dominantes e não na sua eliminação.

(2.2) A relação da ética com a pesquisa social

Como foi abordado no primeiro item deste texto, o conhecimento científico está longe de ser politicamente neutro. A ciência é dependente dos valores daqueles que a produzem. Não sendo o conhecimento científico neutro, cabe à ética estabelecer os limites sobre os possíveis efeitos nocivos e colaterais que podem ser gerados por meio do exercício irresponsável ou inescrupuloso da pesquisa científica. Nesse caso, podemos considerar a ética como o campo que se preocupa com a formulação de códigos e princípios morais, responsáveis por informar as razões e a conduta dos cientistas. Nas palavras de May (2004, p. 76):

> O conhecimento não é um produto politicamente neutro, como sustentariam o positivismo e o empirismo. Portanto, as decisões éticas dependerão dos valores dos pesquisadores e das suas comunidades e informarão as negociações que ocorrem entre o pesquisador, os patrocinadores, os participantes na pesquisa e aqueles que controlam o acesso às informações que os pesquisadores buscam ("controladores de acesso"). O grau de controle que o pesquisador pode exercer sobre o processo também influenciará o exercício das próprias decisões éticas.

May nos apresenta duas abordagens teóricas acerca do papel da ética na pesquisa social científica. São elas: deontologia e consequencialismo.

A perspectiva deontológica se caracteriza principalmente pelo fato de a ética assumir uma forma universal, independentemente do lugar e circunstância em que ocorre a investigação do pesquisador. May (2004) afirma que, por causa da rigidez e falta de flexibilidade dos princípios deontológicos, uma série de problemas práticos podem acabar surgindo. Uma situação de pesquisa, cujo objeto são adolescentes com idade inferior a 18 anos, pode servir para ilustrar as dificuldades presentes nesse tipo de abordagem. A realização da pesquisa, ou seja, a aplicação das entrevistas, dependeria da autorização dos pais dos adolescentes, o que poderia se tornar um obstáculo e impedir que os problemas desses jovens fossem ouvidos.

Ao contrário da deontologia, o consequencialismo não se preocupa em seguir um conjunto de regras invioláveis, mas, sim, com a situação na qual os pesquisadores se encontram. Os contextos de pesquisa variam e, com eles, as consequências dos atos. Nesse sentido, é preciso levarmos em conta o contexto da investigação e não um conjunto de códigos rígidos de regras doutrinárias.

No que se refere às implicações éticas na pesquisa, um aspecto que deve ser levado em consideração pelo cientista é a relação entre fins e meios. Em outras palavras, o cientista deve perseguir a produção de conhecimento a qualquer custo? Vimos que a pesquisa científica é transpassada por interesses de outras esferas, como a política e a economia. Geralmente, são agências governamentais ou privadas as responsáveis por financiar as pesquisas, o que implica uma perda de controle por parte do pesquisador, que se torna um mero empregado ou funcionário prestando um trabalho para aqueles que financiam. Nesse caso, há certa perda do controle por parte do cientista sobre como os resultados serão utilizados. A ignorância ou falta de controle do pesquisador sobre os fins de sua pesquisa pode fatalmente prover meios para fins dúbios ou perniciosos.

Fourez (1995) afirma que não é papel do cientista responder quanto às decisões que devem ser tomadas sobre os resultados, o que torna ainda mais complexo o problema. Caberia à ciência apenas esclarecer as escolhas. A análise científica pode oferecer uma explicação acerca dos efeitos, das ocorrências e da coerência de determinadas abordagens, problemas e de determinados fatos. No entanto, a ciência não pode responder à questão "Queremos assumir tal decisão?" ou "É isso que nós queremos?" (Fourez, 1995). Se não cabe à ciência responder tal dilema ético, a quem pertence a responsabilidade? Talvez a responsabilidade seja da sociedade como um todo, exigindo um debate e controle democrático nos quais todos os segmentos sociais estejam envolvidos, quebrando, assim, o monopólio dos especialistas na tomada de decisões. Nada mais justo, já que as consequências recaem sobre a sociedade.

(.) Ponto final

Este capítulo procurou promover uma reflexão crítica acerca das implicações dos valores e da ética no contexto da pesquisa científica. A ciência não representa um empreendimento politicamente neutro, mas depende do modo de organização da sociedade. Vimos que a separação entre juízos positivos e juízos normativos, fatos e crenças, ciência e sociedade, sujeito e objeto, representa um empreendimento utópico, o que exige uma redefinição do problema. No lugar da eliminação (impossível) dos valores, devemos entender como eles interagem com as diferentes etapas da pesquisa.

A ciência foi responsável por importantes avanços na sociedade. No entanto, o desenvolvimento científico também foi acompanhado do distanciamento da ciência em relação às preocupações éticas, o que gerou efeitos colaterais negativos da mesma magnitude de suas descobertas e seus avanços. Tais efeitos reforçam a premência da ética no contexto e na prática científica, para que se possa fazer da ciência um instrumento para a liberdade e não para a destruição ou escravidão.

Atividades

1. Sobre os tipos de juízos de valor, é correto afirmar:
   a. É necessário que o cientista promova uma separação entre juízos de valor positivo e juízos de valor normativo.
   b. Os juízos de valor normativo se referem aos enunciados que fornecem uma descrição precisa sobre as qualidades e as características dos fatos.
   c. Os juízos de valor positivo se caracterizam por enunciados que afirmam como os fatos deveriam ser. Portanto, são uma projeção.
   d. A ciência não apenas promove uma ruptura com o universo das crenças, mas também é responsável por fundar novos sistemas de crenças e valores.

2. Sobre a relação dos valores com a pesquisa, é correto afirmar:
   a. Os valores não interferem no processo de pesquisa, pois a ciência é baseada na separação entre sujeito e objeto.
   b. Para que os valores não interfiram na pesquisa, cabe ao cientista eliminá-los, o que representa um procedimento essencial para a produção de conhecimento científico rigoroso.
   c. Os valores são responsáveis por interferir na forma de juízos apenas na etapa que compreende a escolha por parte do cientista em relação a um determinado tema de pesquisa.

d. Os valores atuam na forma de juízos em todas as etapas da pesquisa, desde a escolha do fenômeno que será analisado, passando pelo planejamento da pesquisa, coleta de dados, até a utilização dos resultados.

3. Sobre o papel da ética no processo de pesquisa científica, é correto afirmar:
   a. O conhecimento é politicamente neutro, portanto, ele se presta a respeitar preceitos éticos por natureza, sem necessitar de qualquer controle ou imposição.
   b. A deontologia é uma perspectiva analítica de tratamento ético baseada em princípios universais, os quais acarretam algumas dificuldades práticas no exercício da investigação, como o fato de impedir que vozes de determinados grupos sociais sejam ouvidas.
   c. O consequencialismo se caracteriza por repudiar todo e qualquer controle ético sobre a prática científica.
   d. Quando o cientista possui controle completo sobre os meios e fins da pesquisa, isso aumenta o risco da utilização dúbia dos resultados da investigação científica.

(3)

O questionário na pesquisa social

Nilson Weisheimer possui graduação em Ciências Sociais, mestrado e doutorado em Sociologia pela Universidade Federal do Rio Grande do Sul – UFRGS. Foi professor adjunto da Universidade Luterana do Brasil (Ulbra) e coordenador dos cursos de Ciências Sociais – bacharelado e licenciatura (EaD) – dessa mesma instituição. Atuou como docente na Universidade de Santa Cruz do Sul (Unisc); como professor no Departamento de Sociologia do IFCH/UFRGS e como professor pesquisador do curso de Planejamento e Gestão de Desenvolvimento Rural (Plageder) da UFRGS. Coordenou o convênio MDA/Faurgs n°109/2006, que resultou no Relatório Técnico de Caracterização dos Jovens na Agricultura Familiar no Rio Grande do Sul.

Nilson Weisheimer

<u>E</u>studantes e pesquisadores de ciências sociais contam com diversas ferramentas de pesquisa, entre as quais o questionário é certamente uma das mais utilizadas. Sua popularidade ocorre porque essa técnica é relativamente de fácil aplicação. Ao mesmo tempo, proporciona um processo de objetivação de dados sociais que assegura as condições de confiabilidade e validez necessárias ao fazer científico.

Este capítulo tem como objetivo apontar alguns aspectos relevantes para o uso do questionário na pesquisa social. Construímos este texto com base na leitura de Richardson (1985) e de nossas experiências de pesquisas, com as quais ilustramos os procedimentos com exemplos. Iniciamos apresentando as características gerais segundo sua função e alguns tipos de questionários. Destacaremos aspectos importantes para a construção do questionário e sua posterior aplicação. Espera-se, com isso, apresentar formas de elaboração e aplicação de um bom questionário, de forma que o pesquisador possa se valer desse instrumento na construção de seus trabalhos.

(3.1) Características gerais do questionário

O questionário é um instrumento de pesquisa social que permite a construção de informações de modo padronizado, sendo adequado às abordagens extensivas e objetivistas da metodologia quantitativa. Valendo-se de um questionário padronizado, podemos conduzir entrevistas estruturadas com diversos informantes, permitindo o registro de informações representativas de uma grande quantidade de pessoas.

Podemos obter diferentes informações de um grupo social por meio de um questionário. Por meio da análise de diferentes variáveis, podemos conhecer as características desse grupo e explicar seus comportamentos. Conforme Richardson (1985, p. 142), "os questionários cumprem pelo menos duas funções: descrever as características e medir determinadas variáveis de um grupo social".

Existem diferentes tipos de questionários. Cada pesquisador constrói o questionário de modo que possa ser o mais eficiente para seu propósito de pesquisa. Isso implicará equilibrar a necessidade de obter informações confiáveis sobre os diferentes aspectos que formam o objeto de estudo, com as dificuldades objetivas da construção desses dados, tais como o tempo disponível para a realização da entrevista ou a forma de chegar no público-alvo do estudo. A conquista de um grau ótimo de equilíbrio ocorrerá por meio da escolha consciente dos tipos de perguntas e da forma de aplicação do questionário. Com efeito, a classificação do tipo de questionário é feita segundo estes critérios:

- o tipo de pergunta que é feita aos entrevistados;
- pelo modo de aplicação do questionário.

Veremos a seguir os dois tipos de questionários segundo esses critérios.

Questionários segundo o tipo de pergunta

Considerando o questionário, segundo as perguntas que este contém, teremos três tipos: a) questionário de perguntas fechadas; b) questionário de perguntas abertas; e c) questionário misto com perguntas fechadas e abertas (Richardson, 1985).

O QUESTIONÁRIO DE PERGUNTAS FECHADAS é um instrumento de pesquisa no qual, para cada pergunta feita, têm-se categorias de respostas previamente estabelecidas, de modo que o entrevistado tenha de responder com base em alternativas que são apresentadas pelo entrevistador.

Exemplos:

1. Sexo do entrevistado:
   1. ( ) Masculino
   2. ( ) Feminino

2. Qual seu estado civil?
   1. ( ) Solteiro(a)
   2. ( ) Casado(a)
   3. ( ) Divorciado(a)
   4. ( ) Viúvo(a)

3. Que recompensa você ganha por sua participação no trabalho agrícola?
   1. ( ) Recebo periodicamente uma quantia em dinheiro para minhas despesas.
   2. ( ) Fico com os recursos provenientes de atividades autônomas.
   3. ( ) Fico com parte dos resultados de produtos que comercializo.
   4. ( ) Trabalho em parceria com meus pais e fico com uma parte pre definida dos resultados.
   5. ( ) Quando preciso de alguma coisa ou dinheiro, peço para meus pais.
   6. ( ) Não obtenho nenhuma recompensa pelo meu trabalho.
   7. ( ) NS/NR.

A vantagem desse tipo de questionário está na agilidade de sua aplicação, na facilidade de preenchimento e de sua codificação para análise. Essas perguntas são recomendadas principalmente para questões de caracterização do entrevistado por meio de categorias amplamente conhecidas, tais como "sexo" e "estado civil". A desvantagem é que, dessa forma, pauta-se previamente a resposta dos entrevistados, impossibilitando que outras categorias de respostas possam ser acrescentadas pelos entrevistados. Assim, para utilizar esse tipo de pergunta, o pesquisador precisará ter um conhecimento prévio consistente, que lhe permita apresentar alternativas de respostas condizentes com as possibilidades de respostas e que os entrevistados também saibam responder o que lhe é apresentado.

O QUESTIONÁRIO DE PERGUNTAS ABERTAS é caracterizado por ser estruturado por perguntas sem respostas prévias. Nesse caso, o entrevistador deverá registrar as respostas dos entrevistados em orações, frases e mesmo parágrafos, na forma exata como foi dito pelo entrevistado. A interpretação ocorrerá em um momento posterior de codificação.

Exemplos:

1. O que você mais faz no seu tempo de lazer?
2. Cite uma razão para um(a) jovem querer ser agricultor(a).
3. Em sua opinião, o que deveria mudar em sua escola?

A principal vantagem desse tipo de questionário é que a pergunta aberta permite registrar uma quantidade mais vasta de categorias de resposta, dando "abertura" à emergência de diferentes opiniões e sentidos atribuídos ao tema por sujeitos pesquisados.

As principais desvantagens se devem à perda de agilidade no registro da informação e a maior dificuldade de codificação e classificação dos dados levantados. Somemos a isso as diferentes possibilidades de erro no registro (redação) das respostas. Por esse motivo, o questionário de perguntas abertas deve ser utilizado com rigor, estando o pesquisador vigilante em não comprometer as condições de cientificidade do instrumento (a validez e a confiabilidade).

O QUESTIONÁRIO MISTO COM PERGUNTAS FECHADAS E ABERTAS é o questionário com os dois tipos de perguntas anteriormente apresentadas. Tende a ser mais complexo com suas perguntas direcionadas a aspectos específicos do tema de pesquisa e para os quais o pesquisador não tem categorias de respostas previamente mapeadas. É possível, ainda, formular perguntas combinando ambos os tipos de respostas, ou seja, apresentando categorias prévias, ao mesmo tempo em que se preserva a possibilidade de obtenção de novas respostas.

Exemplos:

1. Como é feita a divisão das rendas provenientes da atividade agrícola?
   1. ( ) O pai centraliza os rendimentos.
   2. ( ) A mãe centraliza os rendimentos.
   3. ( ) O pai e a mãe juntos centralizam os rendimentos.
   4. ( ) Os(as) filhos(as) centralizam os rendimentos.
   5. ( ) A renda é dividida entre todos os que trabalham.
   6. ( ) Cada um fica com o que ganha.
   7. ( ) Outraforma:_____
   99. ( ) NS/NR

2. Na sua opinião, quais destes fatores são os dois mais importantes para a permanência dos jovens na agricultura familiar?
   1. ( ) Ter o reconhecimento, o incentivo e o apoio da família.
   2. ( ) Ter vontade e dedicação pessoal.
   3. ( ) Ter liberdade para introduzir inovações na UPF.
   4. ( ) Ter acesso à propriedade de terra.
   5. ( ) Ter políticas públicas que viabilizem a instalação dos jovens.
   6. ( ) Ter conhecimentos adequados sobre a produção agrícola.
   7. ( ) Ser o(a) sucessor(a) do pai na gestão da propriedade.
   8. ( ) Participar de grupos de produtores, sindicatos e/ou cooperativas.
   9. ( ) Obter uma renda considerada satisfatória.
   10. ( ) Encontrar um(a) companheiro(a) para compartilhar as atividades da UPF.
   11. ( ) Outros
   99. ( ) NS/NR

O fato de inserir uma alternativa "outra forma" e "outros" permite ao pesquisador obter respostas que inicialmente não estava esperando, ampliando suas possibilidades analíticas. Essa ampliação é importante por poder levar o pesquisador a reformular suas questões e melhorar sua compreensão sobre o objeto de estudo, tornando este também mais complexo. Contudo, como em tais situações se combina os dois tipos de perguntas, esse tipo de questionário carrega as vantagens e desvantagens de cada uma delas.

Questionários segundo o tipo de aplicação

Os questionários também podem ser definidos segundo o tipo de sua aplicação. Existem basicamente duas formas de aplicação de um questionário padronizado: por meio de contato direto ou de contato indireto. Vejamos brevemente cada um deles.

O QUESTIONÁRIO DE CONTATO DIRETO implica a interação face a face entre um entrevistador e um entrevistado. Assim, o questionário é aplicado diretamente pelo entrevistador para o entrevistado. Essa interação, se for qualificada, poderá trazer importantes benefícios à pesquisa, o que se refletirá em uma melhor qualidade das respostas. Isso porque, por meio do contato direto, o entrevistador poderá fornecer aos entrevistados informações sobre os objetivos da pesquisa, mostrando a importância de suas respostas para os resultados do trabalho e, com isso, obter o engajamento do entrevistado na pesquisa. A desvantagem é que tal fato implicará o deslocamento do entrevistador até os locais onde se encontra o público-alvo do estudo.

O QUESTIONÁRIO DE CONTATO INDIRETO é todo o tipo de questionário em que não há interação direta entre o entrevistador e o entrevistado, sendo substituída por uma interação indireta, mediada por um meio de comunicação entre pessoas que dispensa a copresença. Podemos mesmo dizer que, nesse tipo de entrevista, não há a figura do entrevistador. Trata-se de um questionário autoaplicado, ou seja, que é respondido diretamente pelo pesquisador. Antigamente, esses questionários eram enviados por correio, respondidos e enviados pelos entrevistados de volta ao pesquisador. Hoje, isso é feito principalmente pela internet – envia-se o questionário por meio de *e-mail*, de *websites* – e por telefone. A principal vantagem desse questionário é que ele permite obter informações de pessoas em pontos geográficos bastante distantes. Porém, apresenta várias desvantagens, como a não obtenção de respostas, a baixa devolução de questionários, a devolução destes com resolução incompleta (sem todas as respostas preenchidas) ou, ainda, a resolução destes por parte de pessoas às quais os questionários não foram endereçados. De qualquer maneira, se o pesquisador optar por esse tipo de questionário, recomenda-se que sejam estabelecidos contatos prévios com os entrevistados, informando-lhes da pesquisa e do envio do instrumento. É importante que o questionário siga acompanhado de um manual de instruções para preenchimento. Por fim, o ideal é que o questionário seja breve, formado por poucas questões e que estas sejam fechadas.

(3.2) A construção do questionário

O questionário é uma ferramenta de trabalho do pesquisador social. Esta poderá estar bem adequada aos seus propósitos ou não. A precisão do instrumento se faz em relação ao objeto de estudo e a teoria social que o embasa. Nesse sentido, um questionário bem construído permite ao pesquisador obter resposta ao seu problema de pesquisa, testar suas hipóteses e enfrentar todas as pautas de sua agenda de investigação e, ao mesmo tempo, ser exequível. Por isso, o questionário não poderá ser muito extenso e nem trazer perguntas que não estejam diretamente relacionadas com o objetivo da pesquisa. Recomenda-se que um questionário não tenha mais do que 60 perguntas e nem ultrapasse 30 minutos de duração.

O primeiro passo para construir o questionário é identificar os pontos ou tópicos de sua pesquisa, o que deve ser acompanhado da revisão bibliográfica sobre o tema estudado. Depois, deve-se considerar ainda o tipo de procedimento analítico que será utilizado, qual será o tratamento dado às respostas. Assim, o pesquisador poderá definir o tipo de questionário a ser utilizado, uma vez que definiu o tipo de pergunta e sua forma de aplicação.

A esse respeito, Richardson (1985, p. 151) se refere a quatro tarefas prévias, pertinentes à preparação do questionário:

- documentação dos aspectos de interesse para a pesquisa (relação de assuntos);
- revisão dos problemas e das hipóteses (cada item do questionário deve ter um sentido preciso e responder a uma necessidade relacionada com os objetivos da pesquisa);
- estabelecimento de um plano de perguntas, definindo sua ordem e localização no questionário;
- preparação dos elementos complementares ao questionário (instruções de aplicação e preenchimento de respostas, disco de respostas, equipamentos necessários à aplicação e respostas).

Orientações para a estrutura do questionário

O questionário deve ser estruturado de maneira que cada um dos problemas de pesquisa e hipóteses sejam abordados. Para isso, o pesquisador precisa organizar o questionário por tópicos que correspondam aos tópicos-guias da pesquisa (eixos de investigação do pesquisador). Além disso, essa organização do questionário em tópicos deverá, por um lado, facilitar sua aplicação (preenchimento com base em perguntas e respostas) e, por outro, facilitar a sistematização e a análise de seus resultados.

A ordem de disposição dos tópicos de pesquisa deve seguir a ordem do problema de pesquisa. Recomenda-se, contudo, iniciar com um tópico de identificação do questionário e de caracterização do entrevistado, seguindo a sequência dos temas propostos teoricamente.

Exemplo:

> Tópicos do questionário padronizado – Jovens agricultores familiares no RS MDA/ IFCH (2007):
> a. Identificação do questionário
> b. Caracterização do entrevistado
> c. Composição da família
> d. Acesso aos recursos materiais
> e. Processo de socialização dos jovens
> f. Representações sociais
> g. Projetos juvenis

Além da preocupação com o estabelecimento de tópicos, o pesquisador precisará também pensar sobre como irá dispor as perguntas no questionário. Nesse momento, o profissional responsável pela pesquisa deve se procurar em estabelecer uma ordem de perguntas que facilite a interação entre entrevistador e entrevistado, tornando essa relação mais dinâmica. Desse modo, é importante que cada tema seja introduzido, desenvolvido e concluído sequencialmente, ao longo da entrevista, sem saltos ou retrocessos de um ponto ao outro. Para facilitar a obtenção de respostas, é recomendável que se inicie com perguntas mais simples, evoluindo para questões mais complexas, tanto no conteúdo quanto na forma da pergunta.

Richardson (1985, p. 154) propõe a seguinte ordem nas perguntas:

- Introduzir o questionário com perguntas que não formulem problema (ex.: itens socioeconômicos – idade, sexo, estado civil etc.).

- Em continuação, incluir perguntas referidas à problemática, mas em termos gerais (ex.: se o questionário se refere aos fatores que intervêm no aproveitamento escolar, incluem-se perguntas de opinião sobre a escola, os professores, os estudos etc.).
- Como passo seguinte, incluir perguntas que formam o núcleo do questionário, as mais complexas ou emocionais, pois se supõe que o entrevistado esteja em um estado de ânimo que compreenda esse tipo de pergunta.
- Na última parte do questionário, incluir perguntas mais fáceis que possam proporcionar ao entrevistador e ao entrevistado uma situação de comportabilidade. É importante incluir, como última pergunta, uma que permita ao entrevistado expressar seus sentimentos relacionados ao processo de coleta de dados. Esse tipo de pergunta permite analisar o questionário e o processo de entrevista.

Outro aspecto a ser observado é que a disposição das perguntas irá influenciar no trabalho de sistematização e análise posterior à aplicação do questionário. Levando isso em consideração, o pesquisador deve buscar estabelecer as perguntas em uma ordem que facilite não apenas a coleta dos dados, mas também seu tratamento estatístico. Nesse sentido, o pesquisador deverá estabelecer uma numeração simples para perguntas e respostas, que permitam que a mesma numeração e orientem a codificação das variáveis e categorias. Nesse caso, cada pergunta corresponderá a uma única variável e cada possibilidade de resposta a uma única categoria.

Exemplos:

1. Sexo do entrevistado:
    1. ( ) Masculino
    2. ( ) Feminino

Variável 1: sexo do entrevistado = var01
Categorias:
Masculino = 1
Feminino = 2

No caso de respostas, tais como "não sabe", "não se aplica" e "não respondeu", Richardson (1985) recomenda aplicar os códigos já padronizados (Não sabe = 0; Não se aplica = 9; Não respondeu = 99).

Dicas para a redação das perguntas

No que diz respeito à redação das perguntas, chamamos a atenção para a observância de alguns procedimentos formais que podem facilitar o processo de comunicação entre entrevistador e entrevistado e para o entendimento das perguntas e das respostas. Tratam-se de 10 dicas de como proceder na construção de perguntas de um questionário padronizado:

1. incluir no questionário apenas perguntas que tenham função preconcebida, isto é, perguntas que contribuirão para os objetivos da pesquisa, livrando-se de perguntas supérfluas;
2. formular as perguntas em linguagem objetiva, que o entrevistado possa compreender, evitando termos técnicos e palavras com sentido ambíguo ou impreciso;
3. fazer uma pergunta por vez, evitando querer saber duas coisas com uma única pergunta;
4. as perguntas devem estar de acordo com as possibilidades de resposta dos entrevistados; não perguntar o que eles não podem responder;
5. procurar fazer perguntas utilizando orações curtas, em frases bem construídas;
6. não fazer perguntas negativas;
7. as perguntas não podem induzir as respostas e não devem trazer a visão de mundo e os preconceitos do pesquisador;
8. fazer primeiro perguntas gerais e, depois, específicas;
9. fazer primeiro perguntas que sejam mais fáceis de responder e, depois, as mais difíceis;
10. ter cuidado para que uma pergunta não venha influenciar na resposta de outra.

Observando essas recomendações, o pesquisador poderá formular um bom questionário e, principalmente, estará atento aos cuidados necessários para a redação das perguntas. Elas necessitam ser objetivamente formuladas, de modo que o entrevistado não seja levado a dar uma resposta que não represente efetivamente a sua opinião sobre o assunto. O pesquisador deve lembrar que esse instrumento deve estar afinado, segundo a teoria que orienta seu problema de pesquisa.

O pesquisador poderá verificar se o questionário está adequado às exigências de sua pesquisa realizando um pré-teste do questionário. Isso equivale a uma aplicação prévia do questionário para um grupo de entrevistados que não farão parte da amostra final do estudo. Ou seja, para uma população que não será incluída na pesquisa final.

Esse momento é muito importante por permitir testar o instrumento, verificando se as perguntas estão sendo bem compreendidas pelos entrevistados, se as categorias de respostas são suficientes ou se devem incluir outras e se o questionário permite a obtenção de todas as informações necessárias ao problema. Além disso, esse momento permitirá avaliar também a dinâmica de aplicação do questionário, como o tempo necessário para sua aplicação. O pré-teste do questionário é um momento fundamental na realização da pesquisa e não deve ser negligenciado. Trata-se de um momento de rica aprendizagem por parte do pesquisador e que precisa ser considerado como uma etapa necessária de todo o processo de pesquisa.

(.) Ponto final

Neste capítulo, tratamos do questionário na pesquisa social, entendido como um instrumento de coleta de informações por meio de entrevistas estruturadas que permite a sistematização e análise extensiva ou quantitativa de dados sociais. Ao discutirmos as características do questionário, apontamos que este tem ao menos duas funções centrais: caracterizar grupos sociais e possibilitar a análise de variáveis. Os questionários se diferem segundo o tipo de perguntas: a) QUESTIONÁRIO DE PERGUNTAS FECHADAS; b) QUESTIONÁRIO DE PERGUNTAS ABERTAS; e c) QUESTIONÁRIO MISTO COM PERGUNTAS FECHADAS E ABERTAS; e segundo o tipo de aplicação: a) QUESTIONÁRIO DE APLICAÇÃO DIRETA; b) QUESTIONÁRIO DE APLICAÇÃO INDIRETA.

Trouxemos ainda algumas dicas de como proceder na construção do questionário. Chamamos a atenção para o procedimento de organização deste, por tópicos referenciados pelos tópicos de pesquisa e para realizar a codificação de perguntas e categorias de respostas, de modo a facilitar o procedimento de análise, assim como oferecemos algumas dicas de como proceder na redação das perguntas. Esperamos que este capítulo estimule os pesquisadores a desenvolverem estudos valendo-se desse poderoso instrumento de pesquisa.

Atividades

1. Sobre as características do questionário, é correto afirmar:
    a. O questionário de perguntas abertas fornece ao pesquisador resultados com um grau maior de padronização, o que facilita a codificação.
    b. O questionário fechado é ideal para a análise de aspectos sociais mais complexos, em virtude de suas perguntas não serem previamente estabelecidas.

c. Perguntas abertas e fechadas são excludentes, sendo inviável a utilização de ambas no mesmo questionário.

d. O questionário pode ser classificado segundo os tipos de perguntas e o seu modo de aplicação.

2. Marque a alternativa FALSA sobre o questionário:
   a. O questionário é uma ferramenta que possibilita o acesso padronizado de informações, sendo, portanto, adequado para pesquisas quantitativas.
   b. A alternativa "outros" permite obter respostas que inicialmente o pesquisador não estava esperando, ampliando, assim, as possibilidades da pesquisa.
   c. O questionário de contato direto se caracteriza pelo seu caráter autoaplicável, o que dispensa a copresença do pesquisador.
   d. O questionário de contato direto permite o maior engajamento do pesquisador, melhorando a qualidade das respostas.

3. Sobre o processo de construção do questionário, é correto afirmar:
   a. O grau de precisão das perguntas pode ser mensurado com base no nível de relação delas com o problema de pesquisa e o marco teórico.
   b. É recomendado elaborar questões de conteúdo mais geral, que vão além do problema de pesquisa, para garantir um maior volume de informações.
   c. É recomendado que o pesquisador inicie a aplicação do questionário pelas questões mais complexas, pois o entrevistado estaria com maior disposição.
   d. Cada pergunta do questionário pode abranger inúmeras variáveis e categorias, de acordo com o problema de pesquisa.

(4)

Entrevista em profundidade: para além do esquema pergunta-resposta

Cristian Jobi Salaini possui graduação em Ciências Sociais pela Universidade Federal do Rio Grande do Sul – UFRGS, mestrado e doutorado em Antropologia Social pela mesma instituição. Tem experiência na área de antropologia, com ênfase em antropologia das populações afro-brasileiras, atuando em temas como: identidade étnica, patrimônio imaterial, arte, territorialidade, identidade regional e comunidades remanescentes de quilombo.

Veremos, neste capítulo, as principais características da entrevista em profundidade e suas aplicações na pesquisa social. Serão relevados os aspectos conceituais-metodológicos de sua aplicação, para que, em seguida, possamos nos deter nos elementos mais gerais e "práticos" de sua condução.

(4.1) A entrevista em profundidade

Seja qual for a técnica utilizada no âmbito da pesquisa social, devemos sempre com base na premissa geral de que ela deve caminhar em consonância com um aparato teórico-conceitual prévio, sem o qual a técnica constituir-se-ia em um instrumento isolado, desprovido de qualquer validade interpretativa. No caso específico da utilização de entrevistas individuais no campo das ciências sociais, devemos também considerar que a apreensão de qualquer tema, por parte do entrevistado, representa uma expressão individual que está fortemente amalgamada a determinadas categorias sociais; logo, podemos apreendê-lo (o entrevistado) como um canal possível no acesso a determinados elementos e processos do mundo social.

A ENTREVISTA EM PROFUNDIDADE se difere de outras modalidades de entrevistas, como a ENTREVISTA ESTRUTURADA ou a ENTREVISTA SEMIESTRUTURADA (que se apresenta como um modelo intermediário entre a entrevista estruturada e a entrevista em profundidade), pela liberdade que ela provê ao entrevistado na forma como este decodifica os temas gerais propostos pelo entrevistador. Nesse sentido, de acordo com May (2004, p. 150), essa técnica é caracterizada "pela *flexibilidade* e descoberta do *significado*, ao invés de uma padronização ou preocupação em comparar limitando as respostas com um esquema de entrevista estabelecido". Em modelos mais estruturados de entrevista, a relação entrevistador-entrevistado acaba focando em um modelo pergunta-resposta, no qual o entrevistado fica mais "preso" a categorias iniciais propostas pelo pesquisador. Isso quer dizer que as respostas são construídas com base em elementos colocados *a priori* pelo condutor da pesquisa. Conforme apontam Jovchelovitch e Bauer (2002, p. 9), ao utilizar o modelo pergunta-resposta, o entrevistador acaba por impor estruturas em um sentido tríplice: "a) selecionando o tema e os tópicos; b) ordenando as perguntas; c) verbalizando as perguntas com sua própria linguagem".

A entrevista em profundidade, por outro lado, procura ir além de um esquema "pergunta-resposta", incentivando o entrevistado a formular questões com base em suas próprias categorias de pertencimento social, visões de mundo, opiniões etc. Essa modalidade de entrevista, portanto, privilegia esquemas de pesquisa que estejam preocupados em apreender dinâmicas processuais, fugindo de apreensões "achatadas" da realidade social. Isso não quer dizer que, ao utilizar esse procedimento de pesquisa, o entrevistador chegue no momento da entrevista em um tipo de "tábula rasa". Obviamente, o pesquisador possui questões e temas prévios – um "tópico-guia" (Gaskell, 2002) – que dizem respeito à natureza de constituição de seu objeto de pesquisa. Nesse sentido, a entrevista em profundidade se conecta às aspirações conceituais e metodológicas do pesquisador, colocando, contudo, em destaque o ponto de vista de determinado sujeito/grupo social.

No entanto, é importante ressaltar que a entrevista em profundidade revela a possibilidade de desenvolvimento de questões, por parte dos entrevistados, que podem "ir além" das categorias iniciais pensadas em determinada pesquisa social. Mello (2008) reflete sobre as características de suas entrevistas realizadas em uma pesquisa – realizada por meio de métodos antropológicos de investigação e análise – com uma comunidade do Estado do Rio Grande do Sul (Cambará) que atualmente se encontra em processo de reconhecimento, pelo Estado brasileiro, como "remanescente de quilombos". Nas palavras de Mello (2008, p. 217):

> Daí ser necessário tomar cuidado para não situar os "nativos" e, por decorrência, as narrativas, em um outro tempo que não é o do antropólogo. Contudo, o fato de antropólogo e "nativo" compartilharem o mesmo tempo não significa que manifestem as mesmas reações em face dele. É por isso que não reduzo as falas dos homens e mulheres de Cambará às contingências históricas do momento. Não considero essas narrativas como meras adequações às perguntas do ouvinte (no caso em pauta, o antropólogo). Há de se ter cuidado para não transformar o "informante" num "respondente", ou, dito de outra forma, em sujeito passivo da interação, cujas falas manifestariam tão somente fluxos que o englobam e uma adequação à curiosidade antropológica.

O contato produzido entre entrevistador e entrevistado se constitui em uma interação social de características sociológicas bastante específicas, como veremos adiante. Porém, é importante termos em mente que, dependendo das condições especiais de determinada pesquisa, a utilização da entrevista em profundidade pode revelar uma série de elementos da vida social que seriam inacessíveis por meio da utilização de outras técnicas de pesquisa, como um questionário fechado, por exemplo. Além disso, essa modalidade de entrevista pode "casar" muito bem com outras técnicas de pesquisa que procurem revelar, em profundidade, determinados aspectos das vidas sociais de determinado grupo social, promovendo um tipo de "retroalimentação" por meio de sua combinação com outras diferentes técnicas de pesquisa social.

(4.2) Estimulando o entrevistado ao ato de narração: elementos sociológicos da situação entrevistador-entrevistado

É preciso ter em mente que uma situação de entrevista prevê uma modalidade de relação social. Segundo Cortes (1998), essa modalidade de interação é relativamente recente, construída a partir do século passado. A autora (Cortes, 1998) revela o fato da entrevista não ser governada por padrões e regras já consolidadas sob determinados parâmetros sociais específicos, como aquelas que poderíamos encontrar nas relações marido-mulher, mãe-filho, entre outras:

A ausência de uma estruturação cultural sólida em torno dos dois papéis, entrevistado-entrevistador, faz com que muitas vezes eles reproduzam, durante o encontro, tipos de relações mais usuais. As convenções são mais sistematizadas no que tange ao papel a ser exercido pelo pesquisador, mas são muito livres e vagas sobre como o respondente deve se comportar. Desse modo, estabelece-se uma desigualdade, o entrevistador é quem tem o controle maior sobre o encontro, cuja iniciativa para que ocorresse é inteiramente sua.

A entrevista se apresenta como uma modalidade de conversação. Porém, como aponta Gaskell (2002), essa modalidade está calcada em determinados padrões que colocam o entrevistador em uma situação desigual com relação ao entrevistado: é o primeiro que conduz as perguntas e os tópicos de pesquisa e se espera que o segundo responda às mesmas, tendo refletido previamente ou não sobre os temas contidos no roteiro proposto pelo pesquisador. Nessa interação social criada pela situação de entrevista, que "papel deveriam os entrevistados assumir nessa conversação de desiguais? Podem eles confiar no entrevistador, podem dizer o que realmente sentem?" (Gaskell, 2002, p. 74).

Nesse sentido, é preciso assumir que entrevistado e entrevistador ocupam papéis sociais diferentes e, na perseguição do sucesso da entrevista em profundidade, faz-se necessário minimizar as diferenças existentes. Ora, se um dos objetivos dessa modalidade de entrevista é privilegiar uma construção mais livre, por parte dos entrevistados, sobre temas diversos, é preciso ter em mente as condições gerais que podem levar a esse intento.

A entrevista em profundidade, mais que outros esquemas de entrevista, exige uma certa habilidade do entrevistador na condução da conversação. Essa habilidade pode ser traduzida pela coerente utilização de gestos físicos de concordância (um aceno com a cabeça ou até mesmo breves concordâncias verbais), assim como na forma de condução das perguntas. Podemos dizer, de uma forma geral, que o entrevistador deve procurar estabelecer uma relação de confiança e tranquilidade com o entrevistado, apresentando uma postura de "aprendiz" diante do que se desenrola pela fala dele. Essa atitude não deve ser interpretada como uma recaída em um "subjetivismo exacerbado". Lembremos que cada técnica de entrevista atende a fins metodológico-conceituais específicos e que, se o caso exigir o aprofundamento de questões do universo do entrevistado, o pesquisador não deve nunca ignorar o universo afetivo que recheia as vivências e experiências do entrevistado. Não considerar esse elemento pode resultar em narrativas extremamente normativas ou racionalizadas.

Outro elemento muito importante na condução da entrevista diz respeito a uma certa adequação de linguagem. Preferencialmente, o pesquisador deve ter um conhecimento prévio do universo sociocultural do entrevistado, a fim de promover uma conversação que faça sentido nos termos do entrevistado. Devemos sempre ter em conta que a eficácia do contato que se desenrola encontra limites nas diferentes possibilidades de diferenças encontradas entre esses dois sujeitos em questão (sexo, gênero, cor, idade, forma de vestir etc.). Um homem entrevistando uma mulher, dependendo dos aspectos conjunturais da entrevista, apresenta, obviamente, uma situação diferenciada de uma situação na qual uma mulher entrevista outra mulher, por exemplo.

A entrevista em profundidade engloba as técnicas relacionadas à história de vida, história oral e biografia. É preciso ter em mente que o entrevistado, ao narrar fatos decorrentes de sua trajetória pessoal, procura organizar eventos e fatos de maneira a estabelecer um sentido, tornando-se um tipo de "ideólogo de sua própria vida, selecionando, em função de uma intenção global, certos acontecimentos *significativos* e estabelecendo entre eles conexões que possam justificar sua existência e atribuir-lhes coerência" (Bourdieu, 1996, p. 75). Em princípio, é esse elemento que mais importa ao pesquisador. Pouco importa se uma história de vida possui uma organização "verdadeira" do ponto de vista cronológico; a maneira como o locutor constrói e organiza aspectos de sua trajetória revela visões de mundo, ideologias e avaliações morais extremamente fecundas ao empreendimento de análise sociológica/antropológica.

O bom andamento da entrevista em profundidade vai depender de inúmeros fatores, que vão desde a habilidade do entrevistador até as características sociais do entrevistado. Sobre esse último aspecto – as características sociais do entrevistado e seus desdobramentos na construção da história de vida –, Camargo (1984), em sua pesquisa sobre elites políticas brasileiras, aponta que os "melhores informantes" são aqueles que em determinada conjuntura histórica não temem a curiosidade do pesquisador (no caso de sua pesquisa em específico, ela cita os políticos aposentados) por participarem, "no momento", de uma condição sociológica que privilegia a produção do discurso, encontrando-se relativamente "mais livre" de coerções. Como bem afirma Camargo (1984, p. 14):

> *Quando ocasionalmente se encontram na periferia do sistema, [os entrevistados] não se preocupam com as possíveis repercussões de seus próprios discursos. Por essa razão, ao definir nossa amostra de informantes, não seguiremos jamais critérios aleatórios de tipo formal ou "científico", pois nossa seleção dependerá de uma categoria muito especial de indivíduo: aquele que quer falar, e isso é quase tão verdadeiro para a elite quanto para as massas.*

Os usos da entrevista em profundidade são diversos. Jovchelovitch e Bauer (2002) apontam a ENTREVISTA NARRATIVA como uma modalidade possível de entrevista em profundidade. Eles apontam para a noção geral – apoiados em Barthes (Barthes, 1993) – que um número significativo de experiências humanas e sociais se expressam por meio de narrativas, e que elas são possuidoras de uma estrutura – conforme discussão apresentada em Ricoeur (1984) – que coloca uma série de ações humanas em sequência, conectando acontecimentos e dando sentido à experiência social. Tendo isso em mente, Jovchelovitch e Bauer (2002) apontam para o fato de entrevistas narrativas serem especialmente úteis em situações na qual grupos sociais produzam diferentes versões de determinado aspecto, evento ou condição social. Além disso, essa técnica se torna fecunda em situações que combinem histórias de vida e contextos sócio-históricos. Narrativas de guerra, de exílio político e de perseguição são exemplares nesse sentido (Jovchelovitch; Bauer, 2002, p. 104).

De acordo com Salaini (2006), essa modalidade de entrevista em profundidade foi especialmente útil em pesquisa, por mim realizada, e que tomava como ponto de partida as diferentes versões sobre a participação negra na Revolução Farroupilha, revolução ocorrida durante o período regencial brasileiro (1835--1845). A polêmica central, retomada hoje por muitos sujeitos e grupos sociais do Estado do Rio Grande do Sul, gira em torno da possibilidade de traição, por parte do líder republicano Davi Canabarro, em relação aos lanceiros negros que lutavam junto às tropas republicanas. O evento é encabeçado por diferentes versões do episódio, mas o que importa é que, ao narrá-lo, muitos grupos sociais negros procuram revisar o papel desse grupo social que teve sua participação invisibilizada pela historiografia tradicional e pela própria construção identitária local. O ato de contar sobre a atuação negra em tal revolução, ligada a histórias de vida contemporâneas, revelou uma forma de pertencimento identitário em ascensão no Rio Grande do Sul (Salaini, 2006).

Jovchelovitch e Bauer (2002), ao refletirem sobre a entrevista narrativa, acrescem em muito sobre os procedimentos de condução de uma entrevista em profundidade. Eles apontam para a necessidade do entrevistador estar atento às questões EXMANENTES e IMANENTES. Enquanto as primeiras refletem questões próprias ao pesquisador, a segunda classe de questões desenrola-se no próprio ato de narração, sendo assim, é fundamental que ocorra uma tradução de "questões exmanentes em questões imanentes, ancorando questões exmanentes na narração, e fazendo uso exclusivamente da própria linguagem do entrevistado" (Jovchelovitch; Bauer, 2002, p. 97).

(4.3) Aspectos a serem relevados na construção da entrevista em profundidade: etapas da entrevista em profundidade

Tendo como base a reflexão de Ander-Egg (1976), traremos, inicialmente, alguns tópicos fundamentais que poderiam ser considerados em qualquer modalidade de entrevista, mas que são especialmente válidos ao caso da entrevista em profundidade.

- AVALIAR A DISPONIBILIDADE DO ENTREVISTADO: É importante avaliar o melhor horário, local e situação para a realização da entrevista, a fim de não conflitar com outros compromissos do entrevistado.
- CONHECIMENTO PRÉVIO DO CAMPO: As possibilidades de sucesso da entrevista aumentam se o entrevistador tiver um contato mínimo com as categorias do grupo social à qual o entrevistado pertence.
- CONTATO PRÉVIO COM OS LÍDERES DO GRUPO (CASO EXISTA ESSA CONDIÇÃO): O aval prévio de líderes de determinado grupo social pode auxiliar no processo de desenvolvimento de novas entrevistas com outras pessoas do grupo. Além disso, os próprios líderes podem atuar como mediadores desse processo.
- O ASPECTO PESSOAL DO ENTREVISTADOR: É importante que o entrevistador realize um "cálculo" sobre sua forma de vestir, falar etc., tendo em vista as particularidades da situação de entrevistas. Esses aspectos podem auxiliar o afastamento ou a aproximação por parte do entrevistado.
- PREPARAÇÃO ESPECÍFICA: O entrevistador deveria possuir algum tipo de "treinamento" em metodologia qualitativa, de uma forma geral, já que nessa modalidade de pesquisa são necessárias algumas aptidões de "captação social" por parte do pesquisador.

Entrevista em profundidade

No caso da modalidade tema deste capítulo – a entrevista em profundidade – cabe ressaltarmos a importância da construção de um tópico-guia de pesquisa. Mesmo que a entrevista em profundidade não lide com modelos usuais de perguntas, faz-se necessário o conhecimento de temas fundamentais que "ecoem" no universo dos entrevistados. Um conhecimento prévio do campo e conversas preliminares podem ser fundamentais nesse processo. A naturalidade obtida no processo de entrevista também é obtida pela preparação prévia do pesquisador que conduz as questões de forma "tranquila". A seleção de entrevistados não é realizada por meio de modelos de amostragem estatísticos. O critério aqui se torna complexo, porém alguns eixos podem nos ajudar a pensar em um grupo de pessoas sob uma unidade de sentido mínima: classe, gênero, etnia, idade, ideologia comum, uma noção de passado e futuro compartilhados. A estratégia de segmentação, nesse caso, é a procura por grupos "naturais" (Gaskell, 2002).

Perguntas da entrevista em profundidade

Uma entrevista bem-sucedida pode iniciar com uma conversa aparentemente banal, com o objetivo de descontração do entrevistado. Isso pode levar certo tempo, cabendo ao entrevistador avaliar a melhor situação para o início da entrevista propriamente dita. Gaskell (2002) sugere classes de perguntas que privilegiam a construção livre por parte do entrevistado:

- PERGUNTAS QUE LEVEM A DESCRIÇÕES: "Como era no tempo em que você...?".
- CONTINUANDO: "Como é isso? E isso foi importante?".
- PROVOCANDO INFORMAÇÃO CONTEXTUAL: "E o que as outras pessoas pensaram disso?".
- TOMANDO UMA POSTURA INGÊNUA: "Não entendo bem disso... como isso funciona?".
- TESTANDO HIPÓTESES: "Estava pensando sobre o que você disse... estou certo com relação a isso?".

Obviamente, não há uma "receita" sobre as perguntas a serem realizadas em uma entrevista em profundidade. Como viemos tentando demonstrar, elas dependerão de uma série de circunstâncias que apontam para a situação social dos entrevistados e, de forma mais circunstancial, para a própria situação social de entrevista. Ainda, dependendo do "potencial narrador" do entrevistado, poucas intervenções podem ser necessárias para o empreendimento de continuação da narração. Porém, como pontuam Jovchelovitch e Bauer (2002), existem alguns elementos fundamentais que podem auxiliar na condução da entrevista em profundidade: a) Toda narrativa contém racionalizações implícitas, portanto, o pesquisador não deve provocar racionalizações e justificações demasiadas devidas a um excesso de "porquês" durante a entrevista. b) Traduzir sempre as questões exmanentes em imanentes no decorrer da entrevista.

Algumas "fraquezas" da entrevista em profundidade

As diversas vantagens da entrevista em profundidade estão implicitamente marcadas ao longo do texto. Deve ficar claro que qualquer escolha metodológica implica "perdas e ganhos". Cabe, porém, alguma observação sobre as desvantagens dessa técnica de pesquisa. Cabe notar também que a execução de uma entrevista em profundidade necessita da presença de entrevistadores bem treinados, que possuam desenvoltura no "desenrolar da conversa". Além disso, a aplicação dessa técnica funciona melhor à medida que o universo social pesquisado possua "bons narradores" dispostos a desenvolverem mais livremente sobre os temas propostos. Conforme apontam Jovchelovitch e Bauer (2002), à medida que um certo número de entrevistas vai avançando em determinado grupo social, fica cada vez mais difícil manter a "postura de ingenuidade" que inicialmente pode ter auxiliado na narração processada pelo entrevistado. Os entrevistados se dão conta de que o entrevistador já domina certos elementos do campo e isso delega um redirecionamento de questões iniciais por parte do pesquisador. Dependendo do corpo de pesquisa em questão, torna-se difícil a realização de um número expressivo de entrevistas e, ainda, por se tratar de um trabalho detalhado e em profundidade, ele despende uma quantia razoável de tempo não disponível em determinadas situações de pesquisa.

(.) Ponto final

Vimos, neste capítulo, particularidades sobre a entrevista em profundidade, que consiste em uma possibilidade de coleta de dados que está para além do esquema pergunta-resposta, promovendo uma construção relativamente livre por parte do entrevistado. Ainda, destacamos alguns aspectos sociológicos relevantes quanto aos procedimentos característicos dessa situação especial de entrevista, assim como alguns desdobramentos possíveis da utilização dessa técnica, como a história de vida e a entrevista-narrativa. Finalmente, pontuamos alguns aspectos relativos à criação do ambiente de perguntas e desvantagens de utilização da técnica de entrevista em tema deste capítulo.

Atividades

1. Segundo a ideia geral do texto, a entrevista em profundidade:
   a. remete de forma absoluta às subjetividades dos sujeitos, sendo mais "frouxa" do ponto de vista metodológico.
   b. deve ser utilizada sempre que encontrarmos bons narradores dispostos em determinado espaço sociocultural.
   c. trata-se de uma técnica de pesquisa que, sob determinadas condições epistemológicas, procura ir além de esquemas que privilegiem o modelo "pergunta-resposta".
   d. adequa-se melhor aos modelos interpretativos oriundos da antropologia social.

2. Em uma situação de entrevista em profundidade:
   a. o pesquisador, devidamente treinado na aplicação de técnicas qualitativas, procurará criar um ambiente no qual diferenças entre ele e o seu entrevistado possam ser minimizadas.
   b. o pesquisador tentará se tornar igual ao entrevistado, criando condições mais reais de entrevista.
   c. deve-se assumir que a entrevista em profundidade sempre apresentará uma versão limitada da realidade social, já que ela propicia uma situação muito particular de contato social.
   d. existe um grau de imprevisibilidade muito grande que faz dessa técnica um elemento bastante instável de pesquisa.

3. Durante o processo de narração em uma situação de entrevista:
   a. as categorias de pesquisa do pesquisador devem se anular face àquelas oriundas do corpo da fala do entrevistado.
   b. não há qualquer possibilidade de comunicação entre as categorias oriundas do polo pesquisador-pesquisado.
   c. o pesquisador deve sempre ter em mente suas categorias de pesquisa, mas, durante o processo de narração, procurará dar inteligibilidade as suas categorias pela apreensão das categorias do "outro".
   d. o pesquisador elegerá, no corpo da fala do informante, aquelas categorias que melhor se adequarem àquelas de seu corpo de pesquisa.

(**5**)

A observação na pesquisa social:
olhar de perto como método

Rosimeri Aquino da Silva é graduada em Ciências Sociais e é mestre e doutora em Educação pela Universidade Federal do Rio Grande do Sul – UFRGS. Exerce atividades de pesquisa voltadas para a educação, procurando enfatizar relações de gênero, sexualidades, violência e direitos humanos.

Alexandre da Silva Medeiros
Rosimeri Aquino da Silva

A observação representa um importante recurso na pesquisa social científica, pois apresenta uma série de características que a distingue de outras técnicas, como a possibilidade de presenciar em ato os indivíduos em interação. A observação permite que o pesquisador vivencie pessoalmente o fenômeno sendo construído, reconstruído, ganhando contornos e formato por meio das atitudes e relações estabelecidas pelos indivíduos e grupos estudados.

Neste capítulo, vamos discorrer sobre a observação, uma etapa importante do processo de interação do pesquisador com os "materiais empíricos" de sua pesquisa. No primeiro momento do capítulo, serão vistos três formatos que a observação pode assumir no contexto da pesquisa social científica: a observação simples, a observação sistemática e a observação participante, verificando o que caracteriza e distingue cada um desses modelos. Devido à sua complexidade e vantagem no sentido de fornecer dados com maior riqueza, profundidade e amplitude, vamos nos centrar em uma reflexão sobre o terceiro tipo: a observação participante. Vamos situar também alguns estágios analíticos que podem auxiliar na operacionalização da observação participante, assim como na análise das informações obtidas. Por fim, serão apresentadas algumas vantagens e desvantagens presentes na técnica da observação. Embora ela seja apontada por sua capacidade metodológica e analítica singulares, a observação também apresenta desvantagens e dificuldades como qualquer outra técnica de pesquisa. No entanto, como em outras técnicas, essas dificuldades não invalidam a utilização da observação, mas representam um desafio estimulante ao pesquisador na arte da produção do conhecimento acerca da sociedade e das relações que fornecem seu conteúdo.

(5.1) Observação simples

Na observação simples, o pesquisador tem como objetivo observar determinado grupo social, registrando as suas impressões, sem a utilização de recursos específicos. Trata-se de uma observação não estruturada, de natureza fortuita, ocorrendo, muitas vezes, ao acaso. Esse tipo de observação tem um caráter mais exploratório e oferece uma maior liberdade de ação ao observador, na medida em que este não possui um roteiro estabelecido previamente.

É importante ressaltar que, ao optar por esse tipo de observação, o pesquisador deve levar em conta o distanciamento por parte do observador do seu objeto de estudo, visto que o estabelecimento de qualquer tipo de laço de caráter afetivo pode vir a comprometer o trabalho em si. O pesquisador é uma espécie de espectador dos acontecimentos.

Nesse tipo de observação, dados também são coletados, fatos são anotados, assim como as opiniões, os comportamentos etc. A diferença de outros tipos de observação é que, nesse caso, coletam-se informações sem um planejamento prévio. Lakatos e Marconi (1985) afirmam que os resultados positivos almejados em um empreendimento com essas características vão depender da postura do observador: uma postura de atenção, discernimento e perspicácia. Além disso, o pesquisador precisa estar atento aos conhecimentos que ele possui previamente, para que isso não venha a influenciar a compreensão dos dados.

A observação simples pode ser vista como uma primeira aproximação com as nossas temáticas investigadas, pois esse tipo de observação fornece uma visão geral para o posterior desenvolvimento da pesquisa propriamente dita.

(5.2) Observação sistemática

A observação sistemática é um método de pesquisa estruturado, aplicado em condições controladas para a obtenção de resultados com base em elementos preestabelecidos (testar hipóteses, descrever com minúcia e precisão os fenômenos investigados). Com essa finalidade, o pesquisador elabora previamente um material para a organização e registro dos dados, com os tópicos e as categorias a serem analisadas de acordo com a situação apresentada. A observação sistemática tem como característica sua ocorrência não somente em situações de campo, mas também em laboratórios.

Conforme Lakatos e Marconi (1985, p. 171), na observação sistemática "o observador sabe o que procura e o que carece de importância em determinada situação: deve ser objetivo, reconhecer possíveis erros e eliminar suas influências sobre o que vê ou recolhe". Há, portanto, uma postura de maior objetividade do pesquisador expressa, por exemplo, no estabelecimento claro do problema e no planejamento da observação. O objeto de estudo do pesquisador já está bem definido. Algumas palavras (conceitos e denominações) podem compor o vocabulário da observação sistemática, o que nos permite melhor identificá-la: registro contínuo, supervisão dos dados, monitoramento, acompanhamento, planejamento, definição de termos, correlação de dados etc.

(5.3) Observação participante

Essa técnica possibilita uma coleta de informações de maior riqueza e amplitude, visto que existem muitas situações ou fenômenos empíricos dificilmente percebidos por meio do uso de questionários fechados ou entrevistas direcionadas. A observação participante exige um mergulho do cientista na realidade que será analisada, o que a torna uma técnica singular e poderosa na obtenção dos significados e sentidos que orientam o comportamento dos indivíduos ou que são incorporados na produção da realidade social. Becker (1999, p. 47) define da seguinte maneira o papel desempenhado pelo observador participante:

> *O observador participante coleta dados por meio de sua participação na vida cotidiana do grupo ou organização que estuda. Ele observa as pessoas que está estudando para ver as situações com que se deparam normalmente e como se comportam diante delas. Entabula conversação com alguns ou com todos os participantes desta situação e descobre as interpretações que eles têm sobre os acontecimentos que observou.*

O cientista social que opta pelo emprego da técnica da observação participante parte do princípio de que não conhece suficientemente o modo de organização e realidade do grupo ou comunidade que será submetido à análise. Por isso, a construção e a (re)definição do problema e das hipóteses estão submetidas a uma lógica dinâmica, ocorrendo de forma simultânea à imersão do cientista no universo e no grupo estudado. Conforme o cientista trava contato com seu objeto de análise, seu problema e suas hipóteses não permanecem estáticos ou inalterados, mas sofrem transformações graduais. O cientista penetra na dinâmica do grupo e, de acordo com o nível de profundidade que ele consegue nessa inserção, suas hipóteses vão ganhando maior complexidade e precisão. No entanto, essa mudança não se restringe apenas ao problema e às hipóteses do pesquisador. Sua inserção e participação têm implicações sobre o próprio objeto de pesquisa, ou seja, sobre o grupo. À medida que o pesquisador observa a realidade com base em uma perspectiva de membro, ele influencia o fenômeno observado devido à sua condição de participante (Flick, 2009, p. 207). Portanto, a presença do cientista no campo tem efeitos cruciais sobre o seu objeto, como explica Combessie (2004, p. 27):

> *É verdade que o observador transforma seu objeto. Essa transformação se insere num vasto debate sobre a cientificidade das ciências humanas e sociais. Ele diz respeito a todos os seus métodos de apreensão ao vivo, em particular a entrevista, mas encontra na observação um ponto de aplicação privilegiado, sobretudo quando se trata de observação participante: ora, em diversos graus, toda estada no campo implica participação e cria uma situação nova.*

A vivência do pesquisador, no âmbito do grupo, desempenha um papel ativo na construção do problema e das hipóteses, o que leva a um exercício de crítica, autocrítica e reflexão permanentes do cientista, mesmo no momento do trabalho de campo. A vivência é central para que o pesquisador tenha acesso aos significados que orientam a ação dos indivíduos.

Etapas analíticas da observação participante

Para Flick (2009, p. 208), a observação participante representa um processo. Do aspecto de se tornar participante e obter acesso ao grupo até o momento de concentrar as observações nos elementos essenciais às questões levantadas pela pesquisa, a observação participante se divide em três níveis: observação descritiva; observação focalizada; observação seletiva.

De acordo com Flick (2009), o primeiro nível, denominado *descritivo*, serve para fornecer uma linha de orientação ao trabalho de campo do pesquisador. Isso é feito por meio do levantamento exaustivo de fatos que compreendem o ambiente social em questão, visando apreender sua complexidade e desenvolver as questões e os problemas de pesquisa. O segundo nível compreende a observação focalizada e se caracteriza pelo esforço do pesquisador, no sentido de restringir sua observação àqueles processos e fenômenos mais intimamente relacionados às questões e aos problemas teóricos levantados. Finalmente, a observação seletiva se refere à etapa final de coleta de dados e objetiva reunir o maior número possível de exemplos e evidências que subsidiem a explicação acerca das práticas e dos processos descortinados no nível anterior (Flick, 2009, p. 208).

Becker (1999, p. 49) distingue quatro estágios na análise das informações obtidas por meio da observação participante. Três desses estágios são conduzidos ainda no interior do próprio campo e o quarto estágio se inicia a partir do término do trabalho de campo. Becker ressalta que esses quatro estágios se diferenciam em virtude de três aspectos: a) por sua sequência lógica (é preciso que o pesquisador alcance determinados resultados para poder avançar ao estágio seguinte); b) cada estágio também produz conclusões diferenciadas que são destinadas a usos diferentes na continuação da pesquisa; c) os critérios de avaliação das evidências produzidas em cada estágio são distintos (Becker, 1999, p. 49-50).

Os quatro estágios podem ser apresentados da seguinte forma: a) seleção e definição de problemas, conceitos e índices; b) controle sobre a frequência e distribuição dos fenômenos; c) construção de modelos de sistemas sociais com base na incorporação das descobertas individuais; d) problemas de apresentação de evidências e provas (Becker, 1999, p. 50).

Na primeira etapa, Becker (1999, p. 51) afirma a necessidade do pesquisador situar suas observações no interior de um quadro teórico de referência. Ele deve se munir de ferramentas teóricas que forneçam precisão aos seus sentidos, permitindo, assim, o aprimoramento do estudo. Embora aqui se trate de um desenho de pesquisa qualitativa, nada impede o pesquisador de converter fatos e acontecimentos em indicadores sobre a estruturação de fenômenos mais amplos e gerais. Becker (1999, p. 55) ressalta que a observação de determinado acontecimento ou fenômeno, aparentemente específico ou singular, pode servir como um indicador para entender a dinâmica ou lógica mais ampla do grupo analisado. Nesse sentido, o fenômeno observado se converte em um indicador para o entendimento de uma classe ou um campo mais amplo de fenômenos. O pesquisador estabelece como ponto de partida um fenômeno específico, transforma-o em uma categoria abstrata que permite o entendimento da sociedade mais ampla. O contrário também é possível. Após o pesquisador tomar consciência de um problema mais amplo, ele então busca indicadores específicos que expliquem tal problema (Becker, 1999, p. 55).

A segunda etapa compreende o controle da frequência e da distribuição de fenômenos. Segundo Becker (1999, p. 56), ela consiste na identificação do foco que mais vale a pena ser perseguido pelo pesquisador. Esse "vale a pena" conta com uma dimensão quantitativa que se refere ao quanto o fenômeno é significativo, em virtude da frequência da sua incidência. O pesquisador identifica os acontecimentos e fatos que ocorrem com maior frequência entre as diferentes categorias de indivíduos e subgrupos dentro do cenário que ele está estudando (Becker, 1999, p. 57). Embora essa etapa contenha um elemento de quantificação numérica, Becker ressalta que não se trata de uma quantificação padronizada ou determinada, em última instância, por regras fiéis à estatística.

Em outras palavras, a observação e a constatação de disparidades entre fatos e fenômenos não precisam necessariamente estar subordinadas a uma forma estatística, padronizada e rígida de contagem para terem validade. No próprio trabalho de campo, o pesquisador segue uma certa regularidade nos procedimentos adotados durante a coleta dos dados, seja por meio do modo de proceder com as observações, que se tornam semelhantes, seja por meio da aplicação de perguntas aos entrevistados, as quais seguem um certo roteiro padrão ou temático. Isso vai lhe permitir um fundamento quase estatístico na identificação de padrões na distribuição dos fenômenos, fato que demonstra que tal procedimento metodológico é tão válido para a pesquisa quanto os adotados pela quantificação "rigorosa" subordinada aos critérios estatísticos.

Outro aspecto importante quanto à verificação da distribuição e frequência dos fenômenos se refere à validade dos resultados de pesquisa. Uma grande quantidade de evidências geradas por meio do trabalho de campo pode servir para reforçar a validade das hipóteses e conclusões da pesquisa. Quanto maior a quantidade e variedade de elementos levantados por meio da observação, maior segurança o pesquisador obterá na confirmação e defesa de suas conjecturas. A confirmação em torno dos resultados ou das hipóteses pode se manifestar por meio de uma saturação de sentido, quando as evidências passam a convergir teoricamente, afirmando ou refutando as construções hipotéticas do pesquisador. Nas palavras de Becker (1999, p. 58):

> *O pesquisador também leva em consideração a possibilidade de que suas observações lhe forneçam evidência de diferentes tipos sobre o ponto em questão. Do mesmo modo que fica mais convencido se tiver muitas evidências do que se tiver poucas, ele ficará mais convencido sobre a validade de uma conclusão se tiver muitos tipos de evidência. [...] O potencial de gerar conclusões que advêm da convergência de muitos tipos de evidência reflete o fato de que variedades separadas de evidência podem ser reconceituadas como deduções feitas a partir de uma proposição básica, que, agora, foram verificadas no campo.*

A terceira dimensão da análise da observação participante se refere à construção de modelos de sistemas sociais. Esse estágio compreende o esforço do pesquisador no sentido de agrupar de forma significativa o conjunto de evidências obtido por meio do trabalho de campo, dentro de um modelo abstrato de organização social. Portanto, pode-se afirmar que é como juntar as peças de um quebra-cabeça, "encaixar as peças", que são os fatos observados dentro de uma construção teórica que pressupõe a dinâmica ou racionalidade de um sistema social hipotético. Em outras palavras, o que o pesquisador está se interrogando nessa etapa é de que forma as evidências se inter-relacionam, a ponto de darem sentido a uma representação mais ampla de organização social. O pesquisador deduz de suas descobertas individuais um modelo generalizado de sistema ou organização social. Ele estabelece um modelo descritivo ideal que hipoteticamente explicaria ou forneceria sentido às evidências reunidas no trabalho de campo, estabelecendo conexões hipotéticas entre os elementos empíricos reunidos. Nas palavras de Becker (1999, p. 62-63):

> *O conceito de sistema social é um instrumento intelectual básico para a sociologia moderna. O tipo de observação participante discutido aqui está diretamente relacionado a este conceito, explicando fatos sociais específicos por meio de referência explícita a seu envolvimento num complexo de variáveis interconectáveis que o observador constrói como um modelo teórico da organização.*

A última etapa da análise é realizada posteriormente no trabalho de campo e consiste na revisão, checagem e reconstrução dos modelos obtidos por meio dos dados. Portanto, refere-se à análise final e apresentação dos resultados. O estágio pós-trabalho de campo é o momento no qual o cientista dá prosseguimento à construção do modelo analítico, organizando as conclusões e verificando se as evidências coletadas durante o trabalho de campo apresentam sentido. Nessa etapa, o pesquisador completa a tarefa de pesquisa, dando um salto de abstração, no sentido de estabelecer conexões entre os modelos parciais elaborados ainda nas etapas anteriores. Pode-se dizer que a última etapa é o momento de sintetizar e de verificar se as evidências realmente condizem com suas hipóteses levantadas ou se são refutadas por hipóteses alternativas.

(5.4) Vantagens e desvantagens da observação

Como qualquer outra técnica, a observação apresenta um conjunto de vantagens e desvantagens no contexto da pesquisa social (Richardson, 2008, p. 263). Entre as vantagens, destaca-se o fato de a observação possibilitar a obtenção direta de informações no momento em que os fatos ocorrem. Tal fato permite a verificação de detalhes acerca da situação que poderiam acabar esquecidos por aqueles que vivenciaram o acontecimento.

Por ser a forma mais direta de estudar uma ampla variedade de fenômenos sociais, a observação representa uma técnica que exige menos do sujeito que está sendo analisado. O trabalho dependerá mais do pesquisador, deixando o observado como um elemento passivo, apenas tendo de se comportar naturalmente. Comparando a observação com a técnica da entrevista, a segunda exige a reflexão, retrospecção e seleção de informações pelos indivíduos estudados. Como enfatizado, os indivíduos podem acabar esquecendo determinados fatos ou situações que eles vivenciaram.

Além do risco de esquecimento, outro aspecto diz respeito à naturalização da percepção dos atores sociais. Alguns aspectos da vida social acabam se tornando naturais ou triviais, portanto, escapando da consciência e do julgamento dos indivíduos. O pesquisador, ao observar padrões de comportamento e ação distintos dos seus, encontra-se em uma posição de "estranhamento", que o habilita na percepção daqueles aspectos que se tornaram simplesmente naturais, triviais ou ordinários no cotidiano dos indivíduos analisados.

No entanto, aquilo que representa uma potencialidade ou vantagem da observação pode também se converter em uma desvantagem. No caso, o estranhamento, que permite acesso à percepção de fatos que deixaram de ser contemplados pela consciência dos indivíduos estudados, corre o risco de se tornar um obstáculo no momento em que o pesquisador tende a supervalorizar o pitoresco ou exótico. Em algumas situações, quando o pesquisador se depara com uma cultura distinta à sua, ele se arrisca a limitar sua atenção àqueles aspectos exóticos, deixando de lado os elementos mais comuns do grupo, mas também cruciais ao entendimento.

Outra limitação da técnica de observação diz respeito à inacessibilidade de alguns fenômenos. Há fatos que não se deixam capturar facilmente por meio da observação, pois, devido à sua natureza, impedem ou dificultam a presença do observador durante sua ocorrência espontânea. Nas palavras de Flick (2009, p. 213):

Um problema desse método é que nem todos os fenômenos podem ser observados nas situações. Os processos biográficos são difíceis de serem observados, o que também se aplica aos processos abrangentes de conhecimento. Eventos e práticas que ocorram raramente – embora sejam cruciais à questão de pesquisa – podem ser captados apenas contando-se com a sorte, ou, se o forem de alguma forma, por meio de uma seleção bastante cuidadosa das situações de observação.

Como fatos de difícil acesso, podemos ainda citar o caso das práticas desviantes ou que compreendem alguma modalidade de transgressão ou violência irregular: como estabelecer um estudo sobre a incidência da violência policial, utilizando a técnica da observação? Como realizar um estudo sobre práticas criminosas e alguns tipos de comportamento desviante? Como utilizar a técnica da observação em uma pesquisa sobre a prática de tortura em prisões e delegacias? Algumas práticas e comportamentos, por terem um caráter ilícito, são mais difíceis de serem presenciadas pelo pesquisador. Tais comportamentos possuem quase uma natureza inacessível à observação direta, pois representam faltas graves.

Com certeza, tais aspectos não reduzem a importância da observação no âmbito da pesquisa e representam um desafio a mais que, ao serem enfrentados pelo pesquisador, permitem o aprimoramento da técnica e da própria pesquisa em ciências sociais.

(.) Ponto final

Neste capítulo, vimos algumas características da técnica da observação no contexto da pesquisa em ciências sociais. Apresentamos as variações que essa técnica pode assumir (observação simples, observação sistemática e observação participante), centrando nosso esforço reflexivo na observação participante, devido às suas vantagens metodológicas e analíticas para a pesquisa social. Procuramos sugerir algumas etapas para a análise das informações coletadas por meio dessa técnica. Por fim, foram realizados alguns apontamentos sobre as vantagens e dificuldades que acompanham a técnica da observação.

Dependendo das características do seu objeto e da fase do trabalho, o observador pode optar pela observação participante, simples ou sistemática. O pesquisador pode deixar claro, tanto para si quanto para o grupo estudado, seu papel de investigador e as relações estabelecidas como pertinentes ao momento da pesquisa de campo. Ele pode desenvolver uma participação no cotidiano do grupo estudado, por meio da observação de eventos que nele ocorrem. Sua observação pode ser rápida e superficial, com a qual ele poderá obter, por meio de um primeiro olhar, informações genéricas sobre o grupo e, posteriormente, organizar e planejar seu trabalho de forma mais sistemática.

Atividades

1. Sobre os tipos de observação, é correto afirmar:
   a. A observação sistemática se caracteriza pelo seu caráter fortuito e exploratório.
   b. A observação simples é uma técnica aplicada em condições controladas.
   c. No caso da observação participante, é necessário que o pesquisador tenha um conhecimento exaustivo e minucioso sobre o grupo de estudo antes do momento da inserção.
   d. A participação do pesquisador tem implicações sobre as hipóteses e sobre o grupo que será analisado.

2. Sobre a técnica de observação participante, é possível fazer a seguinte afirmação:
   a. A observação participante exige um mergulho do cientista na realidade que será submetida ao estudo.
   b. O problema de pesquisa, após ser formulado, permanece inalterado, independentemente do grau de inserção do pesquisador no grupo.
   c. O pesquisador representa um elemento neutro no interior do grupo, não afetando, assim, o fenômeno observado.
   d. A vivência não representa um aspecto necessário à aplicação da técnica de observação participante.

3. Sobre as etapas analíticas da observação participante, podemos afirmar o seguinte:
   a. O nível seletivo se caracteriza pelo esforço no sentido de restringir a observação aos aspectos mais vinculados ao problema de pesquisa.
   b. A constatação de disparidades na distribuição de determinados fenômenos só pode se realizar por meio da aplicação de modelos estatísticos padronizados.
   c. A confirmação das hipóteses é possível quando as evidências reunidas passam a convergir teoricamente, manifestando uma espécie de saturação de sentido.
   d. A construção de modelos de sistemas sociais se refere à primeira etapa do trabalho de observação, na qual o pesquisador procura guiar sua atenção por meio de um modelo abstrato.

(**6**)

O método etnográfico

Ana Paula Comin de Carvalho possui graduação em Ciências Sociais, mestrado e doutorado em Antropologia Social pela Universidade Federal do Rio Grande do Sul (UFRGS). Atuou em assessorias para o Instituto Nacional de Colonização e Reforma Agrária (Incra), para o Instituto do Patrimônio Histórico e Artístico Nacional (Iphan) e para a Prefeitura Municipal de Porto Alegre. Tem experiência na área de antropologia, com ênfase em antropologia das populações afro-brasileiras, pesquisando principalmente os temas: identidade étnica, territorialidade, comunidades remanescentes de quilombos, quilombos urbanos e patrimônio imaterial.

Ana Paula Comin de Carvalho

Este capítulo tem o intuito de analisar o método etnográfico e as técnicas e procedimentos de coletas de dados associados a ele. Tendo em vista que o método é algo mais amplo e profundo do que a técnica de pesquisa, optamos por dividir o texto em duas partes. A primeira seção é dedicada ao meio empregado para se chegar ao objeto de pesquisa, isto é, ao modo por meio do qual esse objeto é compreendido em termos etnográficos. No segundo segmento, iremos nos reportar aos instrumentos materiais e conceituais que auxiliam no processo de aplicação desse método qualitativo de investigação dos fenômenos sociais.

(6.1) Surgimento do método etnográfico

O método etnográfico surgiu no âmbito da antropologia, no início do século XX, diferenciando as formas de produção de conhecimento desse campo daquelas presentes em outras disciplinas que compõem as ciências sociais. Foi o antropólogo polonês, posteriormente naturalizado inglês, Bronislaw Malinowski (1884-1942) quem desenvolveu esse novo modo de pesquisa social, com base em sua experiência de estudos na Austrália (em 1915) e nas Ilhas Trobriand (de 1915 a 1918) com os habitantes dessas localidades.

A constituição desse método implicou um deslocamento da fonte de dados empíricos dos registros de administradores coloniais, missionários, cronistas ou viajantes sobre suas experiências no "novo mundo" – com base nos quais se desenvolveram as primeiras análises antropológicas – para o próprio *nativo*[a], alterando a forma como este último era visto até então. De um bárbaro sem costumes e leis, ele passou a ser percebido como um indivíduo sujeito a um estrito código de comportamentos e boas maneiras (Laplantine, 1988). Inicialmente, esse método foi empregado no estudo das sociedades denominadas *simples* ou *primitivas*. Posteriormente, foi utilizado em pesquisas com o campesinato e as sociedades urbano-industriais.

Características e pressupostos

De acordo com Rocha e Eckert (2008), a aplicação do método etnográfico requer a interação entre o pesquisador e o seu objeto de estudo, isto é, as pessoas deste ou daquele grupo social específico. Impõe, desse modo, ao investigador um afastamento de sua própria cultura, para se situar no interior do fenômeno ao qual se propõe observar, o que se dá por meio de sua participação efetiva nas formas de sociabilidade por meio das quais a realidade investigada se apresenta (Rocha; Eckert, 2008).

Nas palavras de Beaud e Weber (2007), uma das condições fundamentais para que se trate de um estudo etnográfico é a de que os sujeitos pesquisados estejam em relação uns com os outros e não que sejam escolhidos com base em critérios abstratos. Caso contrário, o investigador social estará fazendo entrevistas ou observações qualitativas, mas não uma pesquisa etnográfica (Beaud; Weber, 2007). Sendo assim, fazer uma pesquisa intensiva com um número reduzido de pessoas não é necessariamente fazer etnografia, como nos lembra Fonseca (1999).

---

a. Essa expressão designa tanto os povos que viviam em uma área geográfica, antes de sua colonização pelos europeus, quanto os sujeitos que são objeto de estudo dos antropólogos.

Ainda de acordo com a referida autora, o objetivo do método etnográfico é ressaltar alteridades – por meio da criação de dúvidas e do levantamento de hipóteses sobre os hiatos e as assimetrias que existem entre a nossa maneira de ver as coisas e a dos outros – para assim conhecermos melhor esses OUTROS e nós mesmos, facilitando o processo de comunicação que geralmente é atravessado pelo senso comum, pelo etnocentrismo, pelo estigma, pelo preconceito e pela intolerância em relação à diferença. Desse modo, a abertura da antropologia para a possibilidade de outras lógicas e dinâmicas culturais tanto pode servir como instrumento na luta contra a massificação como pode transformar um diálogo truncado em comunicação.

Os pressupostos epistemológicos que são invocados para justificar a especificidade do método etnográfico podem ser resumidos em três princípios gerais, conforme proposto por Genzuk (1993). O primeiro deles é o de que o objetivo desse tipo de investigação social é capturar o caráter espontâneo do comportamento humano. Esse só pode ser alcançado por meio de um contato direto com os sujeitos em seus contextos sociais, sem interferências ou tentativas de simulações controladas em outros ambientes. Em decorrência disso, busca-se minimizar ao máximo os efeitos da presença do pesquisador sobre a conduta dos pesquisados e explicar os eventos e processos sociais em termos de suas relações com os contextos em que eles ocorrem.

Em outras palavras, não se trata de submeter os sujeitos estudados a regras de investigação científica que lhe são estranhas, mas de conviver com os *nativos* em seus domínios sociais. Nesse contexto, o pesquisador, um intruso relativamente tolerado no grupo, não tem a ilusão de estar no controle da situação. Pelo contrário, é exatamente o seu mal-estar, sua falta de habilidade nas linguagens locais, que lhe obrigam a reconhecer as dinâmicas socioculturais que não domina satisfatoriamente e a buscar compreendê-las. Por outro lado, entende-se que é somente quando os *nativos* se familiarizam com a presença do etnógrafo que se torna possível ir além da aparência, do senso comum, daquilo que é dito ou feito apenas para impressionar os forasteiros. A reação dos sujeitos pesquisados à presença do investigador social se torna um dado da análise, mas isso não deve implicar a redução da realidade observada apenas a essa questão, já que é óbvio que existe vida social para além do contexto de realização do estudo. Desse modo, o método etnográfico intenta ultrapassar a situação pesquisador-pesquisado e a relação dominante-dominado, tendo a pretensão de perseguir a relação entre iguais (Genzuk, 1993). Outrossim, para que o pesquisador possa tirar qualquer conclusão em relação aos dados coletados, é necessário situar seus informantes em um contexto histórico e social. O relato etnográfico resulta exatamente desse movimento interpretativo que vai do particular ao geral.

O segundo princípio diz respeito ao fato de que as ações humanas variam, não sendo possível estabelecer uma relação mecânica causa-efeito, como ocorre nas tentativas de elucidação de alguns tipos de fenômenos físicos. Sendo assim, para explicarmos as condutas das pessoas precisamos obter uma compreensão da perspectiva cultural em que elas se baseiam. É necessário apreender a cultura do grupo para produzir explicações válidas sobre o comportamento de seus membros. O método etnográfico enfatiza o cotidiano e o subjetivo. Porém, os sentimentos e emoções, que são a matéria-prima da subjetividade, são tratados pelos antropólogos como FATOS SOCIAIS TOTAIS[b]. De acordo com Fonseca (1999), a ênfase no aspecto social do comportamento dos indivíduos leva o antropólogo à procura de sistemas que vão sempre além do caso individual (Fonseca, 1999). Além disso, para interpretar e descrever uma cultura diferente da sua, o antropólogo não pode nem se transformar em nativo – o que implica produzir um certo distanciamento em relação às práticas e discursos que observa – nem adotar um viés etnocêntrico – o que requer a constante relativização sobre seus próprios pontos de vista –, sob o risco de não ter as condições epistemológicas que a produção de uma etnografia demanda.

Em terceiro lugar, o processo de investigação não se limita ao teste de hipóteses explícitas, mas é necessariamente indutivo, aberto a novas descobertas. Espera-se que as explicações sobre o que se observa sejam desenvolvidas ao longo da investigação. Cabe salientar que um dos aspectos que diferencia o método etnográfico de outros empregados nas ciências sociais diz respeito à REPRESENTATIVIDADE dos sujeitos pesquisados. Na ciência política e na sociologia, por exemplo, os informantes são selecionados conforme critérios formulados previamente e eles devem ser REPRESENTATIVOS das categorias analíticas utilizadas na formulação inicial do problema de pesquisa. Situações particulares são usadas para ilustrar ou testar uma ou mais hipóteses de estudo que se pretendem passíveis de generalização (Fonseca, 1999).

Na antropologia, o pesquisador escolhe o seu universo de estudo e somente depois procura compreender a sua REPRESENTATIVIDADE. Ainda que o antropólogo possa chegar a campo com algumas perguntas e hipóteses, já se sabe de antemão que elas devem se modificar ao longo do contato com os sujeitos pesquisados. São recorrentes as situações em que os problemas de pesquisa sofrem grandes alterações em virtude de questões que emergem na pesquisa de campo. Nesse caso, é o dado específico que viabiliza interpretações mais abrangentes. As generalizações

---

b. Esse conceito foi formulado pelo etnólogo francês Marcel Mauss (1872-1950) e diz respeito a certos tipos de eventos sociais que revelam e põem em ação a totalidade da sociedade e das suas instituições.

não são definidas *a priori* da pesquisa empírica, como em outras metodologias. Pelo contrário, é somente após a observação que o pesquisador busca definir quais são as abstrações possíveis. Desse modo, os informantes não são escolhidos pelo antropólogo por serem estatisticamente representativos de um tipo ideal.

As etapas do método etnográfico[c]

Nossa exposição sobre o método etnográfico será desdobrada em cinco etapas. A primeira etapa se caracteriza pelo estranhamento resultante de algum acontecimento em campo. A perplexidade diante de uma prática que, para os sujeitos pesquisados, parece banal, pode criar espaço suficiente para a construção de um objeto de análise. Contudo, é na alternância entre dados de campo e leituras bibliográficas que o método etnográfico deve ser aplicado, a fim de se entender o sentido das práticas problematizadas em sua pesquisa.

A segunda fase se refere à esquematização dos dados empíricos. São os primeiros exercícios de abstração que nos ajudarão na elaboração posterior de inferências gerais. A terceira etapa diz respeito à desconstrução dos estereótipos preconcebidos. Para estarmos aptos a captar significados particulares, precisamos rever noções arraigadas de nossa própria cultura. Devemos considerar a possibilidade de dinâmicas alternativas. A história nos ajuda a desconstruir algumas de nossas concepções que poderiam dificultar a apreensão do outro, se não fossem postas entre parênteses. É necessário ter em mente a historicidade de nossos próprios valores.

Em um quarto momento, tecemos comparações com exemplos similares, extraídos da literatura antropológica. É por meio da leitura sobre outras culturas que produzimos um deslocamento que nos permite compreender melhor nosso objeto de estudo. De acordo com Fonseca (1999), ler etnografias clássicas nos possibilita estabelecer comparações, assim como nos fornece modelos explicativos que podem ser testados por analogia em outras situações.

É apenas quando o pesquisador reconhece que existem outros universos simbólicos que ele é capaz de vislumbrar com mais precisão os contornos e os limites históricos de seus próprios valores, de sua cultura. Ao descentrar o foco de seu estudo para o outro, o investigador produz o "deslocamento por meio da viagem" e só assim conclui o processo cognitivo, alcançando a reflexividade desejada, reflexividade que só se realiza por esse "vai e vem" entre dois universos simbólicos

---

c. O conteúdo desta seção baseia-se em Fonseca (1999).

distintos. O texto a seguir nos apresenta um exemplo da importância da leitura das etnografias clássicas para a formação epistemológica do investigador social.

Os conselhos de Malinowski

Dentre as muitas recomendações de Malinowski sobre a aplicação do método etnográfico, as quais estão explicitadas no seu texto denominado *Objeto, método e alcance desta pesquisa*, destacamos algumas que são seguidas até os dias de hoje:

1. a observação sistemática das ocorrências da vida cotidiana a fim de identificar o que é regular, típico ou recorrente;
2. busca de padrões gerais;
3. registro do maior número de casos sobre todos os aspectos da vida do grupo para que se possam construir tabelas com as regras que orientam os nativos em cada situação;
4. distinção entre a teoria e a prática nativas – o que o costume recomenda, o que os nativos fazem e o que eles falam sobre o que fazem;
5. explicitação das condições de pesquisa – onde, quando e como os dados foram coletados;
6. busca de uma teoria nativa sobre os fenômenos observados;
7. contato estreito com os nativos que produza uma familiarização entre estes e o pesquisador;
8. capacidade de mudar constantemente os seus pontos de vista e de rejeitá-los;
9. conformidade da teoria aos fatos observados;
10. busca de inspiração na teoria;
11. visão positiva do nativo, reconhecendo a existência de regras, moral e lógica que orientam a sua conduta;
12. atenção para os imponderáveis da vida real – a rotina de um dia de trabalho, os detalhes do cuidado com o corpo, a maneira de comer e preparar refeições, entre outros – pois são esses aspectos que evidenciam as ligações existentes entre as diferentes instituições sociais – família, religião, política, entre outras;
13. registro do ponto de vista do nativo a fim de apreender a sua relação com a vida e compreender a sua visão de mundo, isto é, a mentalidade nativa;
14. uso literal dos termos nativos.

Fonte: Elaborado com base em Malinowski, 1990.

A quinta fase envolve a sistematização do material em modelos alternativos. Uma forma de elaborar modelos explicativos consiste em nos determos na análise de casos exemplares. Contudo, nossos modelos são criações abstratas que nos ajudam a entender a alteridade e, enquanto tais, são simplificações da realidade que devem ser trabalhadas como hipóteses a serem testadas ao lado de outras hipóteses. Eles – os modelos – servem para oferecer uma alternativa de interpretação possível sobre um determinado fenômeno social, não para colocar um ponto final no assunto.

(6.2) Técnicas de pesquisa

O método etnográfico é composto por várias técnicas e procedimentos de coletas de dados – levantamento de informações demográficas, morfológicas, geográficas, genealógicas, observação direta, conversas formais e informais, entrevistas não diretivas, entre outros – que são associados ao trabalho de campo. Este último consiste em uma convivência mais ou menos prolongada do pesquisador junto ao grupo social a ser estudado. O trabalho de campo propicia a aproximação entre o pesquisador e o outro, que, até então, lhe era totalmente estranho, tornando-o familiar, mas, também, no sentido inverso, permite-lhe estranhar o que lhe era familiar.

De maneira geral, a inserção do pesquisador em campo se dá a partir de uma negociação prévia com os indivíduos ou grupos que pretende estudar. Nesse momento, o investigador compartilha suas ideias e intenções de pesquisa. Contudo, como nos mostra o sociólogo norte-americano William Foote Whyte (1914-2000) em seu estudo clássico sobre um bairro pobre de Boston, denominado *Sociedade de esquina* (Whyte, 2005), a aceitação da presença do investigador depende muito mais das relações pessoais que ele consegue desenvolver com seus informantes, do que das explicações que possa dar sobre os objetivos de seu estudo. Os informantes ou indivíduos-chaves podem desempenhar papéis determinantes nesse processo, explicitando ao investigador as regras em vigência no grupo, abrindo portas e dirimindo dúvidas com as pessoas pesquisadas.

O pesquisador passa a se inserir nas rotinas da coletividade pesquisada, na medida em que emprega a técnica de observação participante. Essa ferramenta de investigação social foi inicialmente formulada por Malinowski, com base em seu estudo nas Ilhas Trobriand. De acordo com Fonseca (1999), a observação participante exige a presença contínua do pesquisador com os sujeitos investigados, a fim de que este presencie *in loco* o comportamento dos NATIVOS e de que ele participe, na medida do possível, de suas atividades.

De acordo com Gomes (2008), o grau de participação do observador varia em cada situação, em um espectro de possibilidades que vai desde uma imersão completa no cotidiano dos sujeitos pesquisados até uma total separação das atividades observadas, conformando-se apenas com o papel de espectador. O objetivo da participação é propiciar uma opinião "interna" dos acontecimentos, não apenas vendo o que está acontecendo, mas sentindo o que é ser parte do grupo que vive essa experiência social. O desafio consiste em o pesquisador conjugar observação e participação para que seja possível compreender a experiência como se este FOSSE UM NATIVO, enquanto a descreve para o exterior.

Na visão de Genzuk (1993), é com o objetivo de desvendar a relação sistêmica entre os diferentes elementos da vida social que os pesquisadores empregam a observação participante, isto é, para dar conta da totalidade do sistema com base no qual a experiência pessoal de cada indivíduo adquire um sentido. A observação participante permite ao pesquisador identificar as inevitáveis discrepâncias entre discurso e prática e captar os valores do grupo presentes nos discursos e nos múltiplos atos do cotidiano.

As informações obtidas por meio desse tipo específico de observação devem ser registradas cotidianamente naquilo que se costuma denominar *diário de campo*. Este consiste em anotações sistemáticas daquilo que o antropólogo viu e ouviu entre os sujeitos pesquisados, não se tratando apenas de transportar para o papel todos os fatos e acontecimento vividos, mas também de uma oportunidade para refletir sobre o andamento da pesquisa e, se for o caso, corrigir os rumos da investigação e a conduta do pesquisador. Esse instrumento de registro transforma uma experiência social ordinária em etnográfica, ao passo que não apenas recupera os fatos marcantes que a memória do pesquisador corre o risco de isolar e descontextualizar, mas também, e principalmente, o desenvolvimento cronológico dos eventos. As anotações servem, simultaneamente, de referência de datas, lugares e nomes e de ferramenta de explicitação do ponto de vista do pesquisador naquele momento do estudo em que se deu o registro das informações (Beaud; Weber, 2007).

As entrevistas em profundidade são um complemento bastante importante à observação. Em geral, elas são longas e gravadas. A aplicação dessa técnica de pesquisa envolve uma preparação prévia do pesquisador, o estabelecimento de um roteiro, de um guia de temas a serem abordados a título de orientação, mas é necessário ter cuidado para não ficar preso a ele. É preciso também negociar antecipadamente com seus informantes a concessão de entrevistas, a fim de garantir o sucesso das mesmas. Além disso, é fundamental atentar para a sua condução. Cabe ao pesquisador imprimir uma direção às entrevistas que, ao longo do seu desenvolvimento, vai se ampliando.

A elaboração de genealogias e quadros de parentesco dos entrevistados pode propiciar ao investigador uma imensa gama de dados sobre eventos sociais, características culturais e muitos outros assuntos que não dizem respeito apenas aos parentes, mas à sociedade de forma mais ampla. Isso também pode ocorrer quando se realiza o registro de cantos, histórias e mitos de determinado grupo social (Rocha; Eckert, 2008).

Tanto nos momentos de observação participante quanto nos de entrevistas em profundidade, é recomendável que o etnógrafo produza outras formas de registro das informações, seja por meio da fotografia, seja por meio da filmagem. O emprego dessas técnicas visuais deve ser acompanhado da leitura de bibliografia específica, para que se possa empreender uma análise satisfatória desses elementos.

Por fim, cabe salientar, assim como o fazem Rocha e Eckert, que os produtos finais de um trabalho de campo, com base no método etnográfico, são a escrita de artigos, ensaios, livros, teses, dissertações e trabalhos monográficos. Neles, os dados obtidos pelo pesquisador são classificados, correlacionados, comparados e reapropriados textualmente por meio do emprego de conceitos teóricos e metodológicos do campo disciplinar das ciências sociais e não do nativo. Trata-se de um processo laborioso de escrita de um estudo pontual e denso sobre determinada prática cultural, no qual é preciso transpor para o papel a experiência com o grupo pesquisado.

(.) Ponto final

Neste capítulo, tratamos do método etnográfico. Vimos que ele surgiu no âmbito da antropologia, no início do século XX, e que consiste em um modo de produção de conhecimento que implica em uma interação direta e convivência entre pesquisador e sujeitos pesquisados por um período mais ou menos prolongado de tempo. Nesse tipo de pesquisa qualitativa, destacam-se as técnicas de observação participante, do diário de campo e das entrevistas em profundidade.

Atividades

1. O método etnográfico se caracteriza por:
    a. interação e convivência mais ou menos prolongada entre pesquisador e sujeitos estudados.
    b. interação e convivência episódica entre pesquisador e sujeitos estudados.

c. realização de entrevistas individuais estruturadas em ambiente controlado pelo pesquisador.
d. realização de entrevistas grupais estruturadas em ambiente controlado pelo pesquisador.

2. A representatividade dos sujeitos pesquisados no método etnográfico diz respeito:
   a. à sua adequação aos critérios previamente formulados pelo pesquisador.
   b. ao seu caráter ilustrativo de hipóteses de estudo que se pretendem passíveis de generalização.
   c. a abstrações cuja abrangência é definida após a observação.
   d. a abstrações cuja abrangência é definida pelo pesquisador antes da observação.

3. O trabalho de campo consiste em:
   a. uma convivência episódica do pesquisador junto ao grupo social a ser estudado, na qual ele emprega um conjunto de técnicas de pesquisa, tais como a aplicação de questionário padronizado, a fotografia e a filmagem.
   b. um contato superficial e fortuito do pesquisador com o grupo social a ser estudado, com base no qual ele emprega um conjunto de técnicas de pesquisa, tal como o grupo focal.
   c. fazer pesquisa em zonas rurais.
   d. uma convivência mais ou menos prolongada do pesquisador junto ao grupo social a ser estudado, na qual ele emprega um conjunto de técnicas de pesquisa, tais como a observação participante, o diário de campo e a entrevista em profundidade.

(7)

Análise documental

Vinicius Pereira de Oliveira é licenciado em História pela Universidade Federal do Rio Grande do Sul (UFRGS), mestre em História pela Universidade do Vale dos Sinos (Unisinos) e doutorando em História pela UFRGS. É consultor em pesquisa histórica, especialmente na temática de escravidão e afrodescendência. Tem experiência com ensino de História e em pesquisa nas áreas de história do Brasil e Rio Grande do Sul, patrimônio imaterial, memória e identidade, tendo atuado principalmente em estudos de regularização territorial de comunidades remanescentes de quilombos.

Vinicius Pereira de Oliveira

Vivemos em uma sociedade na qual, cada vez mais, aspectos da vida social e da vida privada são alvo de alguma forma de registro, desde aqueles elaborados pela estrutura burocrática do Estado sobre aspectos diversos de nossa vida (nascimento, trajetória profissional, vinculação a políticas públicas etc.) até os propiciados por meio de inovações tecnológicas. São informações que, em seu conjunto, propiciam fontes de dados preciosas para o conhecimento e a análise da pesquisa social.

Neste capítulo, abordaremos a importância da análise documental para a pesquisa em ciências sociais e humanas, abordando desde questionamentos sobre o papel do documento nessa prática, suas características diversas, diferentes entendimentos sobre seu caráter ao longo da institucionalização desse campo de pesquisa, bem como suas vantagens e limites.

A análise documental ocupa um papel fundamental na pesquisa social, já que as fontes – escritas ou não – desempenham um lugar de destaque nesse tipo de investigação. Por análise ou pesquisa documental entende-se o método de investigação baseado no recolhimento e na interpretação de dados obtidos de registros diversos, com destaque para os documentos escritos, contemporâneos ou retrospectivos. Sendo frequentemente identificado como campo de atuação específica ou predominante do historiador, esse método permite igualmente o acesso a dados para análises de áreas do saber como antropologia, sociologia, pedagogia, jornalismo, ciência política etc.

Em uma acepção mais ampla, podemos considerar *documento* qualquer forma de registro produzido pelo ser humano, desde uma inscrição rupestre nas paredes de alguma caverna realizada há milhares de anos até aqueles digitais e eletrônicos, passando pelo documento manuscrito ou impresso. São vestígios que possibilitam a análise de diversos aspectos da vivência humana ao longo da história e dos diferentes contextos e das diversas culturas em que se viveu.

Fotografias, correspondências pessoais, produção literária e artística, depoimentos, produções materiais como artesanato ou objetos do cotidiano etc. podem ser assim considerados como documentos por serem portadores de informações que propiciam o entendimento e a análise de uma cultura ou acontecimento, podendo ser tomados como fonte de dados de análises específicas. Independentemente do suporte ou caráter desses documentos, eles adquirem importância por propiciar uma forma de observação indireta de uma sociedade, grupo ou fenômeno que se busque estudar. Neste capítulo, iremos nos focar especificamente na análise dos documentos ESCRITOS como suporte para a pesquisa social.

Para iniciarmos essa apreciação, é importante mencionarmos que a percepção quanto ao papel do documento na pesquisa foi se modificando ao longo da história. As ciências sociais e humanas surgiram ao longo do século XIX, em consonância com os princípios do positivismo em grande medida, tomando emprestado métodos e princípios das ciências naturais e biológicas que já vinham se constituindo como disciplinas especializadas pelo menos desde o século anterior. É o momento da configuração da história como uma disciplina portadora de procedimentos de pesquisa específicos e das primeiras considerações metodológicas quanto ao trato com o documento face à pesquisa.

A influência do paradigma positivista se traduziu, para a análise histórica, na crença de que a realidade, em seus diferentes níveis, poderia ser aprendida pela observação, mediante adoção do método científico, sendo possível, assim, revelar as realidades sociais estudadas tal como elas aconteceram.

De acordo com Collingwood (1986), metodologicamente, cada fato deveria ser revelado independentemente do sujeito que o abordou, de modo que os elementos subjetivos existentes no ponto de vista do pesquisador fossem eliminados. Este não deveria emitir qualquer juízo sobre os fatos, devendo resumir sua ação a revelá-los tal com eles se mostravam "objetivamente", ou seja, "recuperar" os eventos e narrá-los de forma neutra. A reflexão teórica era vista, nessa perspectiva, como nociva, já que induziria a conclusões carregadas de um subjetivismo que distorceria a realidade (Collingwood, 1986).

Holanda (1979), por sua vez, afirma que se acreditava na possibilidade do analista de neutralizar a si mesmo diante de seu objeto, evitando construir hipóteses, simplesmente "refletindo" o fato como ele se deu, mantendo-se, assim, isento e imparcial, fugindo de seus condicionamentos sociais, culturais, religiosos e filosóficos que portava.

Se, por um lado, a valorização do paradigma positivista para com o documento e as formas de registro dos acontecimentos contemporâneos contribuiu com as gerações futuras ao incentivar a organização de acervos, a compilação e a conservação de documental, bem como para com a distinção entre ficção e narrativas históricas, por outro, o esforço em separar o "verdadeiro" do "falso", o "objetivo" do "subjetivo", restringiu durante muito tempo o campo de documentos aceitos para a pesquisa, ao desconsiderar uma série de fontes de dados, como foi o caso dos depoimentos e narrativas orais. Além disso, ao valorizarem a simples descrição "bruta" dos acontecimentos históricos ou sociais, as análises dos historiadores se mantiveram na superficialidade dos fatos.

Hoje em dia, mesmo com algumas reminiscências, esse postulado da neutralidade e objetividade dos documentos e daqueles que os analisam já foi ultrapassado por ser considerado impossível de realizar. Diversos analistas, como historiadores e outros pensadores, veem ressaltando, desde os princípios do século XX, que qualquer documento ou relato é fruto da ação subjetiva de quem o concebeu e produziu, logo, sofre o ônus de não propiciar uma observação direta e imparcial daquilo que retrata.

Imaginemos que em uma pesquisa sobre crianças moradoras de rua nos deparemos com um banco de dados, produzido pelo Estado, sobre as condições de vida desse grupo. Um documento aparentemente objetivo traz em si uma série de questões próprias do momento em que foi formulado, da visão dos profissionais que o elaboraram tinham sobre o que é importante conhecer – e, por exclusão, omitindo o que não se considerava importante –, sobre atitudes e práticas condenadas face o contexto cultural daqueles que perguntam etc. A própria resposta da criança passa para o papel a partir do filtro daquele que pergunta e registra, e que certamente não compartilha integralmente da cultura do grupo estudado, por mais que busque essa aproximação. Porém, a constatação da não objetividade de qualquer registro humano não deve conduzir à descrença quanto à sua utilização como fonte de informação para a pesquisa social. Como destacou Ginzburg (1987, p. 21-22), "Não é preciso exagerar quando se fala em filtros e intermediários deformadores. O fato de uma fonte não ser 'objetiva' (mas nem mesmo um inventário é 'objetivo') não significa que seja inutilizável [...]. Mesmo uma documentação exígua, dispersa e renitente pode, portanto, ser aproveitada".

Como afirma Richardson (1989, p. 203), afirmações e questionamentos, como o de que o pesquisador "deve ser capaz de reconhecer a objetividade do fato" ou "em que tipo de fonte confiar", perderam espaço diante de questionamentos mais complexos. Busca-se, já há algum tempo, entender os documentos como portadores de discursos. As perguntas passaram a ser: Quem os escreveu, em que contexto e com que objetivo? Qual a lógica de produção de cada documento? Para quem o registrador pensava estar escrevendo?

Estas são considerações que nos remetem a uma primeira questão metodológica: Cabe ao pesquisador estar atento às características de produção e intenções de cada corpo documental, para assim poder analisar criticamente seu conteúdo, buscando em suas entrelinhas aqueles significados mais profundos. Esse procedimento vem sendo denominado como *crítica interna* do documento, assim como a verificação da autenticidade deste é referida como *crítica externa*. Ou seja, para além da busca de uma verdade "objetiva" depositada no documento, deve-se buscar perceber seu conteúdo como um discurso produzido em um contexto específico, a respeito de um fato ou realidade abordada. É preciso entender a história da construção de cada documento.

Outro aspecto metodológico fundamental a ser destacado se refere ao fato de que o ponto de partida para a pesquisa documental não é o documento em si, mas, sim, a formulação de questionamentos. Será a clara definição de um tema, de objetivos e, acima de tudo, uma problematização bem definida que orientará o pesquisador na sua busca de dados, informando a pertinência ou não de determinados grupos documentais. São as perguntas feitas ao documento que lhe conferem sentido face à pesquisa que se está realizando. Do contrário, todo um esforço de recolha de dados, por maior que seja, pode carecer de sentido no momento da análise.

O corpo documental a ser analisado não necessariamente precisa ser demasiadamente amplo, mas recomenda-se que contenha uma diversidade de tipos que possibilite o cruzamento e confrontação de diferentes categorias. Deve-se buscar um universo de registros que seja minimamente representativo da realidade estudada e que possibilite apreendê-la por diferentes perspectivas. Uma análise sobre conflitos agrários, por exemplo, deve buscar documentos que deem luz às perspectivas dos diferentes atores e grupos envolvidos, os quais pode-se aqui, hipoteticamente, referir-se como sendo o governo, os latifundiários e os camponeses não proprietários.

Segundo Gil (1996), a pesquisa documental deve conter as seguintes etapas:

- determinação dos objetivos;
- elaboração do plano de trabalho;
- identificação das fontes;
- localização das fontes e obtenção do material;
- tratamento dos dados;
- confecção de fichas e redação do trabalho.

O primeiro passo, após estabelecer o tema e objetivos de uma pesquisa, é a realização de um levantamento preliminar sobre os documentos existentes, sua dimensão, seu estado de conservação e acesso, que possibilite a elaboração de um cronograma de trabalho.

Dependendo dos objetivos buscados, do referencial teórico do pesquisador e da documentação disponível, a análise resultante da pesquisa pode ser sistematizada de forma quantitativa ou qualitativa, ou mesmo mediante o diálogo entre as duas perspectivas.

Possibilidades de pesquisa são frequentemente encontradas em órgãos privados e do poder público, responsáveis pela elaboração e guarda de uma diversidade de registros sobre acontecimentos e indivíduos passíveis de fornecerem dados para análises seriais, demográficas, econômicas, educacionais, sanitárias, políticas, sociais, culturais etc. Esses registros constituem, juntamente com aqueles pertencentes a arquivos familiares e de organizações não governamentais, a base da pesquisa social.

Algumas categorias de documentos podem ser visualizadas a seguir, com indicação de alguns órgãos que as custeiam, mas obviamente o rol de possibilidades é mais amplo:

- Arquivos públicos e/ou históricos: Documentos oficiais, leis, ofícios, relatórios etc., referentes a diversos órgãos da administração pública, em diferentes momentos da história nacional.
- Publicações parlamentares: Debates, documentos, atas, relatórios etc.
- Documentos jurídicos: Registros de nascimento, casamento, óbito, escrituras de compra e venda de imóveis, falências e concordatas; testamentos, inventários etc.
- Arquivos particulares/familiares: Correspondências, diários, documentos pessoais e familiares, objetos, iconografia.
- Instituições de ordem privada (bancos, empresas, sindicatos etc.): Registros funcionais, relatórios, programas e projetos institucionais, correspondências, documentos diversos.

- Documentação de entidades religiosas.
- INSTITUIÇÕES PÚBLICAS: Delegacias, escolas, órgãos da administração pública.
- DADOS ESTATÍSTICOS (CENSOS, PIB ETC.): Disponíveis em bibliotecas, órgãos de pesquisa como o IBGE, em suporte físico ou digital.
- MUSEUS: Iconografia, objetos, canções folclóricas, vestuário, filmes (ficcionais, documentários etc.), documentos de diversos períodos.

Tais documentos são classificados em:

- FONTES PRIMÁRIAS: Documentos de primeira mão, ou seja, que não receberam nenhum tratamento analítico. É o documento "puro", tal como foi produzido. Podem ser manuscritos ou impressos.
- FONTES SECUNDÁRIAS: Livros, teses, revistas, publicações diversas e outros textos onde já se tenha procedido ao trato de fontes primárias.

Como principais limitações para a análise documental, temos o fato desse tipo de recurso ser condicionado à natureza da documentação disponível, ou seja, à sua existência material, mas também ao conteúdo das informações que podem revelar, além da disponibilidade para a pesquisa, já que nem sempre seu acesso é público.

Uma segunda limitação diz respeito a determinados grupos sociais, como é o caso das camadas populares, que tendem a estar sub-representadas na maior parte dos corpos documentais, se comparadas aos estratos letrados, membros da burocracia estatal, dirigentes de entidades privadas, políticos etc. A historiografia tem apontado que esses diferentes grupos costumam deixar rastros na documentação por meio de questões díspares: populares tendem a aparecer predominantemente em registros repressivos (documentação policial, judiciária) ou relacionados a ações públicas voltadas ao controle social, saúde ou reordenação habitacional no espaço da cidade, enquanto a elite política, intelectual e econômica deixa um número substancialmente superior de aspectos de suas vivências registrado para a posteridade.

Como afirmou Michel Foucault (1992), muitos desses personagens do passado – e poderíamos estender a constatação para o presente – que podemos estudar atualmente, fizeram "parte de milhares de existências destinadas a não deixarem rastros" e que só pareciam se materializar por meio do encontro com o poder. O pensador francês afirma que "sem este choque nenhuma palavra sem dúvida haveria permanecido para recordar-nos sua fugaz trajetória" (1992, p. 180-181).

Realidades similares devem ser levadas em conta no momento da análise documental, sob o risco de se produzir representações equivocadas e distorcidas dos grupos estudados. Ao mesmo tempo, demonstram que a questão das amostras e da representatividade dos grupos nos registros documentais, assim como o documento e o olhar de quem analisa, não é objetiva.

Porém, não devemos ser pessimistas. A análise documental muito tem a contribuir com a pesquisa social, especialmente se a considerarmos como um dos recursos possíveis, inserindo-o no conjunto de ferramentas metodológicas acessíveis para a apreensão dos fenômenos sociais.

(.) Ponto final

Neste capítulo, buscamos apresentar a importância da análise documental como um recurso da pesquisa social. Foi dado destaque para os avanços, potencialidades e limites do trato documental, para algumas possibilidades de fontes, bem como para procedimentos metodológicos importantes para sua realização.

Atividades

1. No atual estado das ciências sociais e humanas, a pesquisa social entende que o documento:
   a. é portador da verdade objetiva dos fatos, retratando-os tal como eles aconteceram.
   b. possibilita analisar os fatos independentemente do ponto de vista do pesquisador, já que este pode neutralizar as influências de seu ponto de vista, recorrendo ao método científico.
   c. é fruto da ação subjetiva de quem o concebeu e produziu; portanto, não propicia uma observação direta e imparcial daquilo que retrata, mas, sim, deve ser entendido em face do contexto em que foi produzido, como portador de discursos.
   d. possibilita a descrição "bruta" dos acontecimentos e, dessa forma, permite avançar na profundidade dos fatos, tal como postulado pelo paradigma positivista.

2. Metodologicamente, a análise documental:
   a. considera a formulação de questionamentos e problematizações como ponto de partida para a orientação do pesquisador na sua busca de dados, informando a pertinência ou não de determinados grupos documentais.
   b. considera que o pesquisador deve buscar analisar o maior número possível de documentos disponíveis.

c. considera o documento o ponto de partida para a pesquisa, já que somente com base em seus dados se poderá construir o objeto de estudo.
d. considera todo esforço de recolha de dados importante para a pesquisa, independente do objeto de pesquisa e das problematizações estabelecidas.

3. Marque a única resposta INCORRETA, no que se refere às características da pesquisa e análise documental:
   a. A análise documental é um recurso de pesquisa condicionado à natureza da documentação disponível, ou seja, à sua existência e tipos de dados que podem revelar, além da disponibilidade para a pesquisa.
   b. Determinados grupos sociais, como os populares, são frequentemente sub-representados na maior parte dos corpos documentais, se comparados aos grupos da elite política, econômica, intelectual e política.
   c. Lida com fontes primárias e secundárias, sendo que no primeiro grupo se inserem os documentos de primeira mão, que não receberam nenhum tratamento analítico.
   d. Todos os grupos sociais estão representados de forma equânime nos registros documentais, indiferentemente de sua dimensão numérica na sociedade em que vivem, já que os registros representam a realidade tal como ela ocorreu.

(8)

Análise comparativa

Adriano Premebida é graduado em História pela Universidade do Estado de Santa Catarina (Udesc), mestre em Desenvolvimento Rural (2004) pela Universidade Federal do Rio Grande do Sul (UFRGS) e doutor em Sociologia pela mesma universidade. Seus interesses de pesquisa se voltam aos estudos sociais em ciência e tecnologia, à forma como o social se apresenta na construção do conhecimento tecnocientífico e aos impactos sociais das biotecnologias e nanotecnologias.

Fabrício Monteiro Neves possui graduação em Ciências Sociais pela Universidade Estadual do Norte Fluminense (Uenf), mestrado em Políticas Sociais pela mesma instituição e doutorado em Sociologia pela Universidade Federal do Rio Grande do Sul (UFRGS). Tem experiência nas áreas de sociologia da ciência e do conhecimento e teoria social com ênfase em sociologia da inovação e da tecnologia. Atua principalmente nos seguintes temas: produção do conhecimento na periferia, sistema social da ciência, sistemas de inovação e teoria social.

Marcelo Seráfico é bacharel em Ciências Sociais pela Universidade Federal do Amazonas (Ufam), mestre em Sociologia pela Universidade Estadual de Campinas (Unicamp) e doutor em Sociologia pela Universidade Federal do Rio Grande do Sul (UFRGS). Tem especial interesse nas subáreas de sociologia da globalização, sociologia política e econômica.

Adriano Premebida
Fabrício Monteiro Neves
Marcelo Seráfico

A análise comparativa é um instrumento de pesquisa que ajuda a dar conta da variação exibida pelos fenômenos sociais. Comparar é o mecanismo metodológico que permite ao investigador alcançar as regularidades do fenômeno social, a despeito da idiossincrasia que os estudos de casos isolados apresentam. Além da exposição da tradição histórica dos estudos de análise comparativa nas ciências sociais, este capítulo indicará a você a ambivalência das possibilidades e problemas dessas análises, a tensão entre recorte teórico e metodológico e, com delineamento de perfil epistemológico, uma rápida discussão sobre a produção da equivalência e abrangência de dados trabalhados com base em contextos socioculturais diferenciados. Ao final do capítulo, é feita uma discussão sobre as relações entre pesquisa comparada e histórica e como os estudos transnacionais podem ser incorporados em meio a esse quadro teórico-metodológico.

(8.1) O potencial da pesquisa comparativa

A investigação social é uma modalidade da atividade científica que não pode ser reduzida a somente uma forma de pesquisa, o que a faz se manifestar sob diversos tipos de desenhos de investigação. Esses desenhos, de uma forma ou de outra, buscam padrões e regularidades que se repetem no tempo e no espaço. Assim, há a tendência de se considerar na investigação social a variação de determinados padrões valorativos, comportamentais, motivacionais, entre outros, em determinados períodos de tempo e em contextos específicos. Já que não é possível ter controle de toda variação histórica e contextual dos fenômenos sociais, deve-se, no desenho da pesquisa, indicar formas de lidar com essa complexidade fática.

Na própria vida cotidiana, nós fazemos escolhas em função de comparações que consciente ou inconscientemente realizamos. Nesse sentido, as comparações fazem parte da própria cognição humana. As descrições são sempre acompanhadas de comparações e, por isso, diz-se que a cognição humana tem um aspecto relacional. É esse aspecto que permite a identificação e comparação de um "francês" ou um "brasileiro", quando se usa um critério de nacionalidade. Da mesma forma, a comparação entre indivíduos, seguindo um critério de raça, pode levar a posturas racistas quando se hierarquiza por meio desse fator. O processo de identificação por meio de papéis sociais, perspectivas políticas e ideológicas segue sempre um procedimento comparativo. Como afirma Sahlins (2004, p. 40): "pelas diferenças aprendem-se as propriedades". Identificar diferenças exige fundamentalmente tecer comparações.

De acordo com Bechhofer e Paterson (2000), o conhecimento em ciências sociais é construído sobre comparações implícitas ou explícitas. No exercício da investigação social, a análise comparativa tocará todos os âmbitos do processo, como o método, a teoria e os resultados. No que diz respeito às teorias, Strauss e Corbin (2008) argumentam que comparações nas ciências sociais devem ser sistemáticas no exercício de relacionar os dados brutos, para se especificar conceitos no momento da produção de teorias. Para isso, necessita-se de comparações entre dados, indicando a singularidade de cada um deles e a adequação aos conceitos teóricos. Não proceder com comparações pode levar o pesquisador a se enganar quanto à adequação do dado ao conceito, prejudicando a fundamentação empírica da teoria. Deve-se atentar, portanto, para os cuidados necessários para se fazer comparações, já que tal método se propõe sistemático e cientificamente embasado (Strauss; Corbin, 2008). Assim, Bechhofer e Paterson (2000) aconselham que se busque proceder com comparações com base em amostras representativas, como em qualquer outro método.

A análise comparativa fornece, então, meios para se explicar a gama infindável de fenômenos sociais que se manifestam nas sociedades complexas contemporâneas. Tais fenômenos vão se apresentar em praticamente toda a dimensão social, porém são revestidos por questões regionais, profissionais, políticas e econômicas. É o caso do crime, do matrimônio, do preconceito, da afetividade, do suicídio, do conhecimento, entre outros. Esses fenômenos vão se diferenciar de região para região, em função do regime político, das concepções religiosas, e a compreensão de suas variações, nesses contextos, necessita de procedimentos comparativos. Como o conhecimento é construído em um laboratório de biotecnologia na Índia, na Inglaterra e no Japão? Quais são as diferenças que o conteúdo desse conhecimento apresentará em função desses três sítios de pesquisa? Em função de quais características sociais as diferenças emergem? Essas são perguntas que servem de base às análises comparativas.

(8.2) A tradição dos estudos comparativos na pesquisa social

Como bem afirmam Schneider e Schimitt (1998), a análise comparativa desempenha um papel central na construção do conhecimento social, desde os clássicos das ciências sociais. Auguste Comte buscou definir o método de sua física social aproximando-o do método comparativo na biologia, por meio da defesa da análise comparativa entre as partes simples da sociedade, entre sociedade e sociedade e, finalmente, entre períodos históricos dessas sociedades (Schneider; Schimitt, 1998). Löwy (2000) comparou formações históricas específicas para o estabelecimento de suas leis da evolução da sociedade, tendo base nas especificidades históricas das formas de produção humana. Weber, a seu modo, usou comparações como instrumento de compreensão e generalização do mundo social. Em sua célebre obra, *A ética protestante e o espírito do capitalismo* (Weber, 2004), para estabelecer relação causal entre ética protestante e espírito capitalista, o filósofo alemão comparou a ética de específicas confissões religiosas e de formações capitalistas particulares para reconhecer as afinidades eletivas entre essas duas esferas. Esses autores clássicos das ciências sociais foram precursores da análise comparativa e a utilizaram, às vezes, de forma pouco sistemática.

Durkheim (1978), ao se concentrar no estabelecimento de um método apropriado à sociologia, desenvolveu uma forma avançada de análise comparativa. Para o autor, é exatamente pela singularidade de todo processo histórico-social e pelo primado científico das generalizações que a análise comparativa se torna necessária. O estudo dos diferentes casos poderia levar as ciências sociais a afirmações parciais e pouco sistemáticas sobre os processos sociais, restringindo-se a uma lógica individualizante (Durkheim, 1978). É partindo dos pressupostos de Durkheim, em seu método das variações concomitantes, que se nega tal postulado e se considera que se está diante de uma lei geral, caso dois fenômenos sociais comparados apresentem as mesmas variações. O filósofo francês (Durkheim, 1978) considerou o método comparativo não como uma modalidade de análise social, mas como a própria sociologia (Durkheim, 1978). Já que não há a possibilidade das ciências sociais produzirem e controlarem fatos ao gosto do observador, como é a atitude mais comum nas ciências naturais, resta compará-los e daí derivar leis gerais.

Mais recentemente, Eisenstadt (1976), na tradição do funcionalismo estrutural, realizou importante pesquisa com grupos etários por meio de análise comparativa entre várias sociedades, buscando padrões gerais no processo de estruturação desses grupos em suas correspondentes sociedades. Bourdieu (2007) desenvolveu um influente trabalho no campo dos gostos estéticos. Em seu trabalho, o sociólogo francês compara entre si as práticas culturais e as preferências estéticas (música, literatura, pintura) e, finalmente, relaciona-as com o nível de instrução e a origem social dos indivíduos. Desse modo, ele utiliza os gostos como marcadores privilegiados das classes sociais, tornando possível compará-las, por meio dos bens culturais adquiridos e utilizados pelos indivíduos. Bourdieu utiliza um repertório variado de métodos, lançando mão de tabelas estatísticas, por exemplo, para auxiliar a comparação.

(8.3) Problemas metodológicos da análise comparativa

A análise comparativa envolve criterioso controle de algumas fases da pesquisa, como recorte temático, procedência, seleção e organização dos dados. As temáticas apropriadas à análise comparativa são abundantes e podem se dividir em investigações acerca de semelhanças e diferenças de aspectos estruturais da representação social no nível das macrounidades (natureza/sociedade, humanidade/divindade, espírito/matéria, rural/urbano, centro/periferia), das abordagens históricas (dinâmica da cultura política e tradição religiosa ao longo de determinado período) e estatísticas (dados comerciais, portuários, hospitalares, educacionais e de segurança, por exemplo).

O problema da contrastação de elementos heterogêneos é manejar, técnica e metodologicamente, as unidades de sentido da pesquisa. Para se estabelecer diferenças e similaridades, sob condições teóricas, é preciso certa abstração das unidades de sentido de seus respectivos contextos socioculturais. Em um primeiro passo, a comparação exige essa avaliação de características e propriedades sociais em separado de seu ambiente fenomenológico. É atributo da elaboração teórica o despojamento do objeto problematizado do complexo de fatores que o amarram à realidade. O segundo passo é forjado no processo de síntese das comparações trabalhadas metodologicamente, como amostras, temas, discursos, entrevistas, documentos, imagens e obras. Nessa etapa, o contexto volta a se inserir em meio aos dados já construídos sob o manto teórico; sua entrada dá um novo sentido à comparação. A pluralidade de dados, antes considerada difusa, é agora organizada sob uma lógica sociológica, antropológica ou histórica.

De acordo com Schoenberg (1972, p. 1-5), os métodos e as técnicas necessários à realização da análise comparativa dependem, além do modo como o pesquisador avalia, conceitua e classifica a realidade, também do modo como se estabelecem as escolhas das variáveis equiparáveis da pesquisa (Schoenberg, 1972, p. 1-5). Os registros históricos e estatísticos, os indicadores econômicos, as médias de produção e produtividade, os dados migratórios, os modelos educacionais, entre outros, são exemplos de dados que, quando metodicamente trabalhados, tornam-se comparáveis. Além da coleta de material institucional – como documentos históricos –, a geração de dados pode ser feita via questionários e/ou entrevistas e colocadas em paralelo para análises por meio de uma pluralidade de ferramentas de modelagem estatística (análises algorítmicas) ou análises qualitativas, estas com forte viés hermenêutico.

Uma das exigências da análise comparativa é dispor de dados que possam ser equivalentes em uma zona sociocultural indicada empiricamente, sem acentuação unilateral de uma das partes. Para comparar, é necessário um ajuste fino das variáveis que serão correlacionadas e um equilíbrio investigativo sobre seu conteúdo empírico. Se dois países serão comparados em seus aspectos econômicos, por exemplo, o pesquisador precisa ter uma devoção intelectual por igual para entender as particularidades de ambas as realidades e não privilegiar mais uma do que outra.

Existem diversos métodos usados em conjunto com as análises comparativas, tais como as pesquisas documentais, experimentais e de levantamentos. As pesquisas documentais têm uma estreita relação com essas análises e seu emprego é facilitado pela disponibilidade de material empírico, sua extensão e virtual densidade analítica. De acordo com Minayo (1992, p. 94), a comparação é um atributo cognitivo, praticamente espontâneo nas pesquisas empíricas e, em razão dessa espontaneidade, é necessária certa cautela aos inconvenientes das comparações apressadas, como as interpretações firmadas sobre anacronismos e com o descuido do tratamento crítico das fontes históricas, sejam oficiais, sejam informais (Minayo, 1992, p. 94).

Nas pesquisas elaboradas de maneira experimental – comuns em psicologia – o investigador tem um maior controle das variáveis do estudo, o que facilita a replicação e comparação do experimento em outros contextos sociais. Todavia, é preciso ter atenção com o agente pesquisado, pois este pode desempenhar um comportamento sem a espontaneidade das interações sociais, ou resposta social diferente do normal, ao ter consciência de sua condição de objeto de estudo. De modo geral, esse método prescreve um conjunto de experimentos facilmente comparáveis, de forma a entender as correlações das variáveis-chave na composição de tendências de constituição de papéis sociais em determinados contextos institucionais, como da relação entre médicos e pacientes em hospitais, ou no mapeamento de dinâmicas comunitárias, o que pode ser feito, dentro de certos limites, associado com estudos etnográficos.

Já com os estudos feitos com base em levantamentos, geralmente fundamentados no emprego de questionário e medidas estatísticas, existe maior nível de padronização na coleta de dados, importante para o controle dos casos comparados. As desvantagens apontadas pelos críticos são a superficialidade do conjunto de dados coletados – em relação a métodos com maior profundidade analítica, como o etnográfico – e a tendência dos indivíduos responderem o que o pesquisador quer ouvir e não o que realmente pensam (Giddens, 2005, p. 519).

Uma eficaz análise comparativa, então, irá depender da capacidade de obedecer a situações metodológicas da pesquisa em fases anteriores à análise propriamente dita. Ou seja, da definição do problema de pesquisa, da ruptura com os quadros dominantes de representação social, da crítica aos conceitos preestabelecidos, da escolha de métodos e objetivos adequados à comparação. A execução desse tipo de pesquisa – por observação, entrevista, questionários, documentos e dados estatísticos – precisa atentar para a constituição de um conjunto de informações compostas e ordenadas de modo relativamente uniforme para, assim, realçar a qualidade de análises comparativas.

Por meio de uma sociologia ou história comparada, é possível contrapor, de modo crítico, narrativas de mundo diferenciadas. As narrativas sociais e históricas servem a variadas finalidades políticas, como legitimação de dominação de povos e nações, sustentação de injustiças sociais, desigualdade de gênero, assimetrias salariais e manutenção de privilégios hierárquicos, por exemplo. Por outro lado, a comparação dessas mesmas narrativas explicita os particularismos políticos, históricos e ideológicos dos contextos sociais em que são geradas. Isso permite pôr em suspensão ideias ou "sociodisseias" que se querem legítimas, por terem base em uma suposta validade universal. As análises comparativas podem auxiliar a desconstrução de determinadas prenoções dominantes no imaginário social, tais como posicionamentos etnocêntricos, argumentos neocoloniais e perspectivas a-históricas de sociedade que, muitas vezes, estão incorporadas em formulações teóricas e categorias de ordenamento cognitivo nas pesquisas sociais.

(8.4) Problemas epistemológicos da análise comparativa

O conhecimento advindo da comparação não deixa de estar relacionado a um conjunto de preocupações epistemológicas tradicionais nas ciências sociais, tais como a questão da equivalência entre identidades e classes de fenômenos diferentes, a adequação funcional de instituições e papéis sociais em sociedades distintas e os limites da transposição de sentido em tradições culturais diversas. O problema da comparação e mobilização de sentidos em contextos interpretativos diferenciados se desenrola por um longo tempo, desde a gramática comparada e estudos de tradução de tradição grega e romana (Bassnett, 2003) até os campos de pesquisa abertos pela virada linguística na filosofia do conhecimento.

Não se pode comparar, de forma direta, com o intuito de conclusões gerais, entidades ou instituições com atributos diferentes em seus respectivos contextos culturais e sociais. Nem todas as instituições, encerradas em sociedades diferentes, podem ser justapostas em termos de funcionalidade e sentidos econômicos e políticos sem gerar grandes desafios epistemológicos. Esse tipo de comparação, por exemplo, é de difícil manejo. A dinâmica das instituições sociais obedece à estrutura de sentido da sociedade a que pertence. Não existe validez científica em alguém julgar valores e instituições de uma sociedade, com base no ponto de vista de outra sociedade. Em outras palavras, não há como avaliar, por comparação, o "outro" com base na "cultura nativa" (May, 2004, p. 245). Nesse caso, é preciso, no mínimo, demonstrar, por meio de rigoroso argumento, a equivalência entre instituições baseadas em contextos diferentes, imbricadas nas mesmas particularidades históricas, culturais, sociais e políticas.

Existe um controverso problema epistemológico, para a pesquisa comparada, baseado na ideia da intangibilidade avaliativa dos critérios universais. Esses critérios, quando comparados entre formas de vida estruturalmente diferentes, geralmente não cobrem toda a riqueza simbólica e interpretativa das entidades comparadas, tais como a ritualística da religião islâmica e cristã. Por outro lado, a própria percepção da diferença entre formas de vida, crenças, hábitos de pensamento, visões de mundo, só é possível pelo contraste, pela comparação. Sempre existem brechas e interfaces geradas pela vida coletiva de sociedades diferentes. A comparação é um fenômeno cognitivo natural, próprio ao senso comum. Entretanto, na pesquisa científica, particularmente na social, é necessário desvelo quanto às regras de descrição e análise da realidade, pois a maneira como esta é percebida e descrita não está livre dos condicionantes da linguagem e da cultura em que está imersa. É pela razão de não existir um mundo transparente para além da linguagem e das ações sociais que é preciso um controle metodológico das análises comparativas.

(8.5) A relação entre pesquisa comparativa e pesquisa histórica

A teoria sociológica, de um modo geral, e as análises comparativas, em particular, nasceram e se desenvolveram por meio de um compromisso com o Estado nacional. Este, por sua vez, vem sendo sua unidade analítica privilegiada, uma referência básica para se definir outras unidades. Assim, o que é exterior ao território nacional é compreendido como pertencente à escala internacional; e o que se situa no interior desse território pode ser visto como nacional, como regional e como local. Em qualquer caso, legislações, políticas, classes, movimentos sociais, partidos etc. são frequentemente tratados com base no quadro de referência teórico e histórico do Estado-nação.

Daí, muitas das análises comparativas buscam compreender como um mesmo tipo de fenômeno – o movimento feminista, a formação da classe operária, a estrutura partidária, o desenvolvimento econômico, entre outros – ocorre em diferentes Estados nacionais.

As comparações se realizam também a partir de unidades político-administrativas de um mesmo Estado nacional. A própria organização das estatísticas nacionais privilegia essa abordagem, ao definir e coletar indicadores que permitem aferir o desempenho de municípios, estados e regiões do país em temas como renda, escolaridade, longevidade, número de leitos por habitante etc.

Esses dados, por si sós, pouco ajudam a compreender o processo ao longo do qual se estabeleceram as relações e estruturas cuja realidade se destina a expressar. O sentido das estatísticas e a pertinência da análise comparativa dependem em muito da pesquisa histórica.

A pesquisa histórica permite contextualizar processos, relações e estruturas, habilitando o pesquisador a distinguir as especificidades que marcam processos aparentemente iguais. Vejamos um exemplo.

O desenvolvimento econômico, frequentemente, é tratado como uma sucessão de etapas a serem seguidas pelos países. Essas etapas são estabelecidas tendo por referência os países considerados, segundo diversos critérios, *desenvolvidos*.

Tentemos compreender a lógica desse raciocínio. Parte-se de uma afirmação: digamos, os Estados Unidos da América são um país desenvolvido. Sua produção industrial, o acesso da população à saúde, à educação, ao saneamento etc. revelam-no como uma nação desenvolvida. Em seguida, busca-se na história dos EUA as etapas que o levaram ao desenvolvimento. Passa-se, então, a se comparar a história americana com a de outros países – subdesenvolvidos – para descobrir as etapas ausentes. Conclui-se, então, que o subdesenvolvimento nacional decorre da supressão de algumas etapas do desenvolvimento.

Nesse caso, os EUA aparecem como uma espécie de tipo ideal a ser alcançado, cabendo àqueles países que desejam alcançar o mesmo "grau de civilização" passar pelas mesmas etapas.

Todavia, essa comparação negligencia a especificidade histórica do desenvolvimento de cada um dos países e, mais que isso, a relação existente entre o país desenvolvido e o subdesenvolvido.

Em boa medida, teorias como as da dependência, do sistema-mundo e, mais recentemente, da globalização, procuram mostrar como muitas das análises que tomam o Estado nacional, o país, como unidade de análise para compreender fenômenos relacionados ao desenvolvimento do capitalismo deixam de responder a questões cruciais, cujos nexos explicativos escapam à dinâmica do quadro de referência nacional.

Nesse sentido, a pesquisa histórica permite revelar a especificidade de um mesmo fenômeno em contexto temporal e espacial diferente. Ela permite situar no tempo e no espaço as condições específicas de emergência e desenvolvimento de determinados processos, relações e estruturas sociais, evitando a tentação, seja do anacronismo, seja do evolucionismo.

O anacronismo tende a julgar uma época passada pelos valores de outra que a sucedeu. A pesquisa histórica permite situar os valores de uma época no quadro das relações sociais que os produziram e do sentido que eles tinham para aqueles que os compartilhavam, reproduzindo-os ou criticando-os.

O evolucionismo busca situar as realidades sociais, nacionais ou não, dentro de uma linha na qual o ponto de partida e o ponto de chegada correspondem, respectivamente, a fases julgadas necessárias e comuns a todas as sociedades. São essas perspectivas que identificam em populações indígenas, em seus hábitos e modos de vida, resquícios do homem primitivo, enquanto veem nas sociedades capitalistas avançadas o emblema da civilização.

Foge a essa perspectiva a observação de que aquelas duas realidades são contemporâneas uma da outra, e mais, que ambas mantêm relações complexas entre si. Aliás, muito dos estudos da antropologia são precisamente registros desse encontro entre contemporaneidades distintas; dos sustos de uns e outros decorrentes desse encontro; e, igualmente, das tragédias decorrentes desse encontro e de suas promessas.

(8.6) O caso dos estudos transnacionais: globalização

De acordo com Cohen e Kennedy (2000), a globalização envolve uma série de mudanças, cujo efeito é redefinir a amplitude de processos, relações e estruturas sociais. São alterações nos conceitos de tempo e espaço, no aumento das interações culturais, na comunidade de problemas entre nações, nas interconexões e interdependências entre economias e sociedades, nos atores e organizações transnacionais e na sincronia de todas essas dimensões.

Harvey (1993) fala na compressão do espaço-tempo promovida pela progressiva integração de distintas regiões do planeta em um mesmo processo produtivo, organizado em escala global. Espaço e tempo vão sendo moldados segundo as territorialidades e temporalidades necessárias à acumulação de capital, e essas implicam a reorganização das cidades, do campo, dos tempos de produção, de lazer, enfim, dos ritmos da vida.

Fala-se, igualmente, na intensificação das relações entre indivíduos e grupos que transitam pelo globo em viagens de turismo, como imigrantes, como refugiados, enfim, como sujeitos cujo deslocamento pelo mundo carrega consigo representações de suas origens, sujeitos que se encontram, que se estranham, que entram em conflito, que se ajustam às representações e formas de organização social de seus destinos, reajustando-as também.

Reflete-se sobre temas que afetam a todos, de modo mais ou menos dramático. O meio ambiente, o aquecimento global, as grandes catástrofes naturais. Subitamente, a Amazônia, o derretimento das geleiras dos polos, a catástrofe da Louisiana, entre outros fatos, revelam-se momentos de um mesmo processo global. A política também se globaliza.

De acordo com Ianni (1996), a cidadania, o direito das minorias, a reivindicação da identidade, a afirmação de estilos de vida cuja referência não está mais nos símbolos da nação, mas, sim, no gosto, no vestir, no falar, no agir que reúne indivíduos e grupos espalhados pelos continentes do mundo. Indivíduos e grupos, em muitos casos, reunidos no Fórum Social Mundial, confrontando o Fórum Econômico Mundial, as agências do capitalismo global (FMI), Banco Mundial e Organização Mundial do Comércio.

Sim, o mundo, visto como unidade, afigura-se como uma fábrica. Nela, há zonas francas, *clusters*, políticas de incentivo ao investimento direto estrangeiro (IDE) e às novas formas de investimento (NFI), os *franchisings, leasings* (Michalet, 1983) e demais técnicas norteadoras da ação de sujeitos empenhados, consciente ou inconscientemente, na formação de estilos de vida globais, de padrões de consumo globais, de afirmação de uma cultura de massa global.

Nesse contexto, ainda que a pesquisa comparativa permaneça uma ferramenta importante para discernir especificidades, ela se vê desafiada a dar conta de como a historicidade da globalização aponta para a necessidade de discernir, também, conexões nas quais comumente se vê disjunções e disjunções nas quais, com frequência, pensa-se haver conexão. De fato, a globalização desafia as ciências sociais. Estas precisam se reinventar para dar conta dos novos desafios heurísticos, políticos, culturais e econômicos provocados pela globalização do capitalismo. Ao mesmo tempo, as mudanças associadas à globalização se projetam em novas maneiras de pensar e agir, de organizar a economia e a política em escala mundial, promovendo a estruturação da sociedade civil mundial.

(.) Ponto final

Este capítulo tratou da tradição da análise comparativa nas ciências sociais, com abordagens que estabelecem comparações entre formações históricas baseadas nos meios de produção, entre as partes e funções de um organismo e sociedade e comparações da realidade empírica com um modelo abstrato tipo-ideal. Desse legado pouco sistematizado, a análise comparativa adquiriu, atualmente, um conjunto diverso de ferramentas e técnicas de análise, fruto da soma de outros métodos, técnicas e temas de pesquisa. A sólida composição teórica e metodológica da análise comparativa é fruto, também, de um esforço em seguir um protocolo de pesquisa quanto às formas de comparar e o que comparar. Em uma pesquisa de caráter científico não se pode comparar algo aleatoriamente e sem uma contextualização precisa do objeto de reflexão. Por último, tem-se um exame de como a análise comparativa pode se aplicar aos estudos transnacionais e como a noção de tempo-espaço se torna uma importante categoria para se pensar, por meio da comparação, as modalidades desiguais de integração econômica e produtiva no mundo contemporâneo.

Atividades

1. De acordo com o texto, a análise comparativa pode ser usada tanto para especificar quanto para generalizar casos. Marque a seguir a opção em que se tem um exemplo de especificação e generalização, nessa ordem:
    a. Os calvinistas acreditam em Deus.
    b. Dos povos da terra, uma parte é brasileira.
    c. Entre todos os casos encontrados, 30% eram jovens.
    d. Votarão no próximo pleito somente os uruguaios de Montevidéu.

2. Considere a pesquisa que tenha em seu escopo metodológico fazer uso da análise comparativa. O objetivo geral dessa pesquisa é:
   a. descrever o comportamento de frequentadores de uma *lan house* em bairro de região metropolitana.
   b. verificar as reações emocionais de jovens universitários, por meio da medição de parâmetros fisiológicos, após estes assistirem vídeos com cenas de violência.
   c. analisar os significados da amizade entre clientes de bares nas cidades de Paris e Porto Alegre.
   d. analisar como decisões são tomadas em uma cooperativa de produtores de fumo.

3. A pesquisa histórica/comparada permite ao pesquisador:
   a. confirmar que o desenvolvimento das sociedades é unilinear, evolutivo.
   b. desconfiar de que em meio a regularidades há especificidades que diferenciam o modo como um mesmo processo se desenvolve em realidades distintas.
   c. mostrar como as diferentes realidades podem ser explicadas sem consideração pela história que as caracteriza.
   d. revelar a superioridade da pesquisa comparativa.

(9)

O estudo do texto nas ciências sociais:
notas sobre análise de conteúdo
e discurso

Alexandre da Silva Medeiros
Rosimeri Aquino da Silva

A̲ssim como a observação do comportamento dos indivíduos pode ser uma técnica reveladora da dinâmica de um dado ambiente cultural, existem ao alcance do pesquisador outras formas de produzir dados e conhecimentos que informam sobre a realidade social com a mesma riqueza. Entre essas formas, destaca-se a análise de textos. Os textos podem representar uma porta de acesso para o entendimento sobre a organização e as representações de um determinado grupo ou comunidade. Mas, para analisá-los de forma correta, é preciso método, pois, caso contrário, as informações contidas no texto permanecem veladas, implícitas, inacessíveis ao pesquisador. Assim, o objetivo do presente capítulo é introduzir duas importantes técnicas de análise de texto: a análise de conteúdo e a análise de discurso.

Na primeira parte deste capítulo, vamos apresentar a análise de conteúdo, suas características, seus procedimentos e suas limitações. Na segunda, abordaremos a análise de discurso, os significados do discurso e os procedimentos para sua realização no contexto da pesquisa social científica.

(9.1) Análise de conteúdo

A análise de conteúdo representa uma importante técnica de estudo de textos nas ciências sociais. Consta como uma das características fortes da análise de conteúdo o seu emprego na redução da complexidade presente em determinado conjunto de textos. Imagine que o pesquisador no intuito de estudar o comportamento e as percepções de dado grupo em um certo recorte de tempo tenha reunido matérias de jornais que compreendem um período de alguns meses ou até mesmo anos. Com certeza, ele terá um volume grande de material. A análise de conteúdo é então empregada como uma forma de síntese: reduz o volume do material em uma descrição curta de suas características centrais. Portanto, a análise de conteúdo atua como um filtro que separa aquilo que é mais importante no material textual reunido pelo pesquisador.

Como é possível essa redução da quantidade de material por meio da análise de conteúdo? Isso é possível devido à finalidade analítica presente nessa técnica. A análise de conteúdo tem como objetivo estudar o sentido das informações coletadas com base no levantamento e na quantificação da frequência do emprego de expressões, palavras, conceitos ou temas pronunciados no conjunto de texto selecionado pelo pesquisador. Logo, a análise de conteúdo procura filtrar apenas aquilo que interessa ao pesquisador (de acordo com os interesses e problemas de pesquisa), ou seja, as referências textuais que dizem respeito ao seu objeto, descartando aqueles textos que não dizem respeito ao seu estudo. Portanto, a análise de conteúdo é uma técnica que visa reduzir a complexidade e o volume dos textos.

A "matéria-prima" da análise de conteúdo são os textos. Nesse caso, o material a ser analisado por meio do emprego dessa técnica pode ser constituído por textos literários, livros (científicos ou não), biografias, documentos oficiais, revistas, jornais, documentários, filmes, programas dos meios de comunicação, como televisão e rádio, publicidade, propaganda política, entrevistas, pesquisas de opinião etc.

O pesquisador que optar pelo emprego da análise de conteúdo na sua pesquisa pode enfatizar, por meio dela, os sentidos e significados daquilo que é comunicado. Este é o objetivo da análise de conteúdo: dar visibilidade às representações e aos significados que estão presentes na comunicação. Para isso, a análise de conteúdo apoia-se, sobretudo, na descrição objetiva, sistemática e quantitativa daquele conteúdo que é manifestado por meio da comunicação. Isso se deve ao fato de a análise de conteúdo partir do pressuposto de que os textos podem nos dizer muito sobre a realidade social, assim como as falas e outras diversas formas de comunicação.

Como colocado na introdução, a análise de texto requer método. Para que o pesquisador consiga extrair o máximo de informações contidas no texto, ele precisa agir de forma metódica e seguir determinados procedimentos. Provavelmente, uma primeira leitura dos textos pode não ser suficiente para que o pesquisador consiga dar conta dos significados presentes nas palavras. Isso exige do pesquisador um esforço no sentido de situar o texto no contexto social e cultural que serve de moldura a ele. Um texto não é produzido em um vácuo de valores e regras sociais, mas está enraizado em determinado ambiente social e cultural, os quais exercem efeitos sobre seu conteúdo. Em outras palavras, é preciso que o pesquisador tome consciência do contexto em que os textos foram produzidos, pois com certeza encontrará nexos entre um e outro, permitindo, assim, captar os significados e sentidos presentes nas palavras.

Em um primeiro acesso, o pesquisador encontra os materiais de pesquisa em estado bruto, o que torna impossíveis a identificação de tendências e a construção de modelos. Para que o pesquisador possa avançar no sentido da superação dessa primeira etapa, é preciso que ele selecione, organize e classifique o material por meio de um esforço minucioso, avaliando o material em torno das hipóteses e ideias que dão orientação à sua pesquisa. Isso permitirá descartar aquele conteúdo que não possui relação com aquilo que o pesquisador está investigando. Portanto, algo que o pesquisador jamais pode perder de vista é que os procedimentos adotados na seleção, organização e classificação do material textual devem ser orientados sempre pelo problema teórico de pesquisa. Isso serve para qualquer procedimento metodológico. Antes de adotar qual será a melhor estratégia metodológica de análise, é preciso que o cientista social tenha de forma clara e precisa o problema teórico. Inclusive, será o problema teórico de pesquisa que informará ao cientista a melhor estratégia de coleta e análise dos dados.

No trabalho de análise de conteúdo é possível identificar três etapas. São elas: pré-análise, descrição analítica e interpretação inferencial.

A pré-análise representa a etapa de reunião inicial das informações que dizem respeito ao conteúdo que será analisado. Essa etapa representa um momento exploratório da pesquisa, em que o pesquisador busca determinar o *corpus* da investigação.

A etapa identificada como de descrição analítica se refere ao estudo mais minucioso do *corpus* da pesquisa (o conjunto de informações reunidos na etapa anterior). As informações são submetidas a um processo de codificação, classificação e categorização. Essa etapa exige do pesquisador um estudo de maior profundidade, o que significa que o trabalho deve obrigatoriamente estar fundamentado em hipóteses e perspectivas teóricas. Nessa etapa, é possível a construção de quadros de referência sobre o tema.

Na terceira etapa (interpretação inferencial), o pesquisador deve intuir e refletir com base no material empírico. Ele busca identificar nexos e relações hipotéticas, que forneçam uma representação interpretativa sobre a realidade. Essa etapa representa um momento de aprofundamento da etapa anterior, na qual o pesquisador fornece um formato mais preciso aos modelos abstratos formados pelas informações (material empírico) e suas hipóteses teóricas. Os quadros de referências, formulados no momento anterior, ganham mais consistência e as relações entre as variáveis e informações demonstram sentido mais significativo e plausível. Trata-se realmente do momento em que a análise é aprofundada.

Como havíamos afirmado anteriormente, uma das características da análise de conteúdo é a quantificação do material textual. Nesse caso, surge uma questão que ronda todo empreendimento quantitativo de pesquisa: a definição da unidade de amostragem. Qual ou quais critérios o pesquisador deve adotar para selecionar as unidades que serão submetidas à análise de conteúdo? Nesse caso específico, o estabelecimento de uma amostragem exige inicialmente uma lista completa de unidades, que possibilite ao pesquisador fazer uma seleção. É preciso que o pesquisador tenha acesso às informações que pretende analisar. Por exemplo: se ele pretende analisar o perfil das notícias de um determinado jornal, ele precisa ter acesso a esse material (às edições do jornal) para poder trabalhar. No caso de uma amostragem utilizando jornais por datas, quando os artigos são a unidade de análise, 12 edições selecionadas de maneira aleatória são suficientes para fornecer uma estimativa confiável do perfil de notícias anuais do jornal. Esse tipo de procedimento se chama *amostragem de agrupamento* (*cluster*).

Existem vários tipos de unidades de amostragem que podem ser utilizadas na análise de conteúdo. Vamos situar aquelas que são mais gerais:

- Unidades físicas: Livros, cartas, programas de TV, filmes.
- Unidades sintáticas: Capítulos de livros, artigos de jornal, cenas de filme.
- Unidades proposicionais: Núcleos lógicos de frases, proposições complexas na forma sujeito/verbo/objeto.
- Unidades temáticas ou semânticas: Características de textos que implicam um certo juízo humano. Exemplo: cartas de amor ou comerciais.

Estabelecida a unidade, é preciso que o pesquisador codifique o material que será analisado. O momento de categorização e codificação do material empírico compreende uma tarefa de construção. O pesquisador, com base no marco teórico e problema de pesquisa, estabelece um referencial de codificação, o que nos remete à função da análise de conteúdo como uma técnica redutora do volume e da complexidade do material textual, pois, embora o texto esteja aberto a uma multidão de possíveis problemas, a análise será guiada exclusivamente pelo referencial de codificação, excluindo aquilo que não encontra referência nele. Diversas questões entram em jogo quando o pesquisador deve construir o referencial de codificação de sua pesquisa: os tipos de códigos, os princípios organizadores, o processo de codificação e o treinamento para a codificação do material. O cuidado com algumas regras é fundamental nesse momento:

- os códigos devem ser exclusivos e independentes um do outro para não gerar ambiguidades no momento da codificação (um código deve designar e classificar de forma precisa uma informação, para que ela não acabe sendo enquadrada sob dois códigos que são excludentes);
- a mistura de categorias deve ser evitada, pois isso pode comprometer seriamente operações de comparação (se as categorias são distintas, o pesquisador perde um referencial comparativo);
- a codificação pode ser feita a lápis, caneta ou ainda no computador; no caso do trabalho realizado de forma manual (lápis ou caneta), a codificação deve ser orientada por um livro de codificações; hoje em dia, existem programas de computador que auxiliam o pesquisador no trabalho de codificação e indexação das informações, como no caso do *software* NUD*IST.

Como podemos identificar que uma análise de conteúdo foi bem sucedida? Quais são os critérios que determinam uma boa análise de conteúdo? Vamos situar quatro critérios que podem fornecer uma certa precisão para determinar se uma análise de conteúdo alcançou sucesso ou não. São eles: fidedignidade, validação, coerência e transparência.

A fidedignidade pode ser definida como uma espécie de concordância entre intérpretes dos resultados. A fidedignidade é fundamental para que o pesquisador possa aprimorar seu processo de codificação. Ela vai depender, sobretudo, da quantidade de treinamento, da definição das categorias, da complexidade do referencial de codificação e também do material. A fidedignidade pode ser intrapessoal e determinar, assim, o nível de consistência e estabilidade do material – basta que o pesquisador faça uma segunda interpretação após certo intervalo de tempo para testar os primeiros resultados. A fidedignidade pode ser buscada também de forma interpessoal, garantindo, assim, concordância e reprodutibilidade do material – isso se refere à situação na qual duas ou mais pessoas conseguem interpretar o mesmo material simultaneamente.

Quanto ao critério da validação, a validade de uma análise de conteúdo se refere ao grau em que o texto é representado corretamente pela análise. Para isso, é preciso principalmente que os códigos utilizados pelo pesquisador estejam em conexão com as palavras usadas no texto, o que chamamos de *validade semântica*. É também necessário que a amostra selecionada pelo pesquisador seja representativa do corpo inteiro do texto, o que é conceituado como *validade amostral* ou *validade da amostragem*.

No que se refere ao requisito de coerência, é necessário que o pesquisador tome cuidado com os códigos e a quantidade destes que serão empregados no estudo do texto. A grande maioria das análises de conteúdo é realizada com base em muitos códigos. Para que se possa ter coerência, portanto, é preciso que se tenha um bom referencial de codificação. O que é um bom referencial de codificação? É aquele que apresenta internamente coerência e simplicidade, o que permite que todos os códigos possam fluir de um único princípio. Isso significa o contrário de um empiricismo meticuloso que codifica tudo que aparece ao olhar do pesquisador. Para não cair nessa armadilha de se sentir tentado a classificar tudo que vem à cabeça, é preciso que o pesquisador nunca perca de vista seu problema teórico de pesquisa.

A transparência se refere ao grau de objetividade presente nos dados e no processo de desenvolvimento da pesquisa. Todos que terão acesso aos resultados da pesquisa precisam ter acesso ou conhecimento sobre como o pesquisador atingiu os resultados apresentados. Nesse caso, a documentação e o referencial de codificação desempenham papéis essenciais na garantia de objetividade da pesquisa, principalmente na forma como eles são apresentados publicamente. O referencial de codificação pode ser apresentado na forma de folheto, que servirá tanto como guia durante o processo de codificação das informações quanto documento que registra o processo de pesquisa, garantindo, assim, a transparência para aqueles que irão avaliar os resultados da pesquisa. Quando o referencial de codificação é feito de forma detalhada, ele se converte em um documento público precioso que garante tanto a prestação de contas quanto serve de guia para outros pesquisadores reconstruírem o processo, visando a tomá-lo como uma referência para novos trabalhos de pesquisa ou mesmo a testá-lo com base em novas teses.

Até o presente momento, realizamos um esforço no sentido de mostrar o que é a análise de conteúdo e quais são os critérios para que se possa aplicar tal instrumento metodológico na pesquisa social. Como sabemos, nenhuma técnica é perfeita. Todas as técnicas apresentam pontos fortes e fracos. Para o melhor desempenho na aplicação destas, é preciso que o pesquisador tenha plena consciência acerca das limitações e potencialidades que as ferramentas de pesquisa podem fornecer. Portanto, vamos situar alguns dos pontos fortes e das fraquezas presentes na análise de conteúdo.

Podemos apontar como pontos fortes da análise de conteúdo seu caráter sistemático e público, a possibilidade de lidar com grandes quantidades de informações, além de servir muito bem para o estudo de dados históricos. Vimos também que a análise de conteúdo oferece um conjunto de procedimentos maduros que orientam o pesquisador. No entanto, como toda técnica de pesquisa, a análise de conteúdo apresenta limitações. Os principais pontos de fraqueza, presentes na análise de conteúdo, se referem às limitações no processo de codificação do material e na primazia dada sobre a frequência e ocorrência dos fenômenos. A análise de conteúdo é basicamente uma análise quantitativa da ocorrência de determinado material textual. A codificação e o estabelecimento de unidades de análise pode acabar por deixar escapar determinados aspectos do texto que são mais sutis. Por isso, alguns pesquisadores preferem o emprego da análise de discurso, ferramenta que iremos caracterizar na seção a seguir.

(9.2) Análise de discurso

Apesar de ter surgido em meados da década de 1960, o que a torna uma técnica recente, a análise de discurso representa uma complexa ferramenta de análise de textos que abrange diversas abordagens. Seu campo de utilização também é vasto, compreendendo inúmeras áreas disciplinares, entre elas, a educação, a comunicação e meio jornalístico, a política, a jurisprudência, entre outras. Tentaremos aqui apresentar uma síntese das características gerais de uma análise de discurso, sem nos aprofundarmos, em virtude das inúmeras perspectivas que a abrangem.

A análise de discurso se preocupa com as formas discursivas em si, ou seja, com o conteúdo dos discursos e o modo como eles são organizados. Para isso, ela considera a linguagem como uma construção. Em outras palavras, os pesquisadores que utilizam essa ferramenta partem do princípio de que o discurso é construído em virtude de recursos linguísticos preexistentes, o que necessariamente implica a seleção e escolha desses recursos de acordo com as orientações e intenções do locutor ou autor do discurso. Portanto, a aplicação dessa técnica procura entender a orientação da ação ou, mais especificamente, da função do discurso. O analista se pergunta: Qual é a função e sentido de determinado discurso? O pesquisador se permite, assim, lançar essa interrogação porque ele encara o discurso como uma prática social, pois o discurso visa acusar, desculpar-se por algo, apresentar, defender etc.

Para o pesquisador aplicar a análise de discurso, é preciso respeitar algumas etapas. Entre as principais etapas, está o momento da transcrição, que compreende o registro minuciosamente detalhado do discurso a ser analisado. Para isso, é preciso registrar a fala ou o texto literalmente, sem sintetizar ou corrigir. Transgredir esse procedimento pode comprometer a análise, perdendo-se as características centrais constitutivas da fala ou do discurso que será analisado.

Tendo o pesquisador concluído a transcrição, cabe a ele realizar um exercício de leitura cética do material. O que isso significa? Significa que o pesquisador deve interrogar-se sobre a razão de estar lendo o texto de determinada maneira; perguntar-se como o texto está organizado a ponto de assumir uma forma persuasiva para quem lê; indagar-se sobre quais as características presentes no texto que são essenciais para produzir esse tipo de orientação de leitura. Logo, para analisar um discurso, é preciso enfocar a construção, organização e função presentes no discurso. Isso significa que o pesquisador deve buscar o sentido daquilo que é realmente dito e escrito. O que torna ainda mais pertinente a prática da análise de discurso no contexto da pesquisa social é que o analista não está preocupado com atitudes individuais do autor ou locutor, mas com a construção total do discurso, já que ele representa uma prática social com consequências em nível coletivo.

Após assumir uma postura de leitura cética do material, interrogando o discurso acerca de suas funções e sua organização, o pesquisador deve se preocupar com a codificação do seu material. Assim como no caso da análise de conteúdo, a codificação é importante para a análise de discurso, já que ela permite organizar as categorias de interesse do pesquisador. Tais categorias podem ter um formato fácil e difícil, dependendo dos objetivos que ordenam a pesquisa. Vamos situar um exemplo de codificação fácil: digamos que em um estudo com locutores de rádios são examinadas entrevistas acerca da explicação dos homens para a pequena quantidade de mulheres que atuam no ramo, ou seja, que trabalham no rádio. Nesse caso, o processo de codificação poderia se limitar à leitura das transcrições, realçando apenas as partes em que as questões de interesse foram mencionadas de forma direta. No entanto, no decorrer da análise, o pesquisador pode complexificar e aprofundar a categorização, ao se dar conta que as explicações sobre a ausência de mulheres realizando a locução em estações de rádio guardam questões mais latentes, mais implícitas do que explícitas. Os locutores masculinos podem demonstrar certo machismo, mas usando o recurso da sutileza, sem mencionar diretamente essa conduta. Eles podem, por exemplo, maquiar esse machismo por meio da descrição sobre quais seriam as qualidades de um bom DJ, o que manifestaria, de forma oculta, as diferenças de gênero e a dominação masculina no meio.

Realizada a etapa de codificação, o pesquisador deve buscar um certo grau de padronização da análise, o que independe da variabilidade dos dados. Para isso, é muito importante que o pesquisador esteja apoiado em um marco teórico, em um problema de pesquisa construído de forma adequada e em hipóteses. Para dar conta das funções do discurso, o pesquisador deverá elaborar hipóteses, que representam, na verdade, tentativas explicativas sobre tais funções características e específicas do discurso que o tornam singular e persuasivo. Essas hipóteses devem ser testadas de acordo com as informações e com o material do pesquisador. Uma dica que pode auxiliar o analista na descoberta das funções presentes no material discursivo é imaginar o discurso como potenciais soluções de problemas, ou seja, os discursos, como práticas sociais, visam à resolução de determinado problema (como já havíamos colocado antes, ele visa acusar, defender, desculpar-se, propagar determinada representação da realidade ou ideologia, portanto, solucionar um dado problema). Retornando ao exemplo da pesquisa sobre os locutores de rádio, o analista pode acabar se dando conta de que existe uma preocupação no discurso dos locutores de não parecerem machistas em suas afirmações. Para isso, eles traçam determinadas estratégias discursivas tentando ocultar tal machismo, o que, contrariando as intenções dos locutores, pode exercer um efeito muito mais revelador acerca do preconceito presente na sua argumentação.

Um aspecto importante ao analista de discurso é que ele também deve levar em consideração os "silêncios" dos locutores ou autores, aquilo que não é dito. O não dito pode ser tão revelador quanto aquilo que é afirmado pelo autor do discurso. Nesse caso, é preciso ter consciência do contexto histórico, político e cultural em que os textos têm origem. Considerar o contexto do texto, da fala ou do discurso não significa apenas dar ênfase ao meio social, cultural e político do locutor e autor do discurso. É muito importante que o contexto do próprio pesquisador seja levado em consideração, pois o analista de discurso não está situado em um "vácuo estrutural" ou acima da sociedade. Ele também faz parte de um dado contexto, o qual tem implicações sobre a discussão que ele pretende fazer acerca do discurso. Assim como o contexto do locutor ou autor dos discursos, o contexto do analista também é uma construção que deve ser levada em consideração como parte do objeto de análise. Resumindo em termos simples, a fala e as tomadas de posição do pesquisador são tão imprescindíveis quanto o discurso que ele tem em mãos para analisar. Portanto, fazem também parte do objeto. Isso reforça a necessidade da leitura cética acerca do texto, a qual havíamos mencionado.

Algumas questões e preocupações cercam a aplicação da análise de discurso. Entre elas, está a questão acerca da generalização empírica dos resultados produzidos. Pode a análise de discurso embasar resultados que visam a generalizações empíricas amplas? A análise de discurso não serve para a produção de generalizações amplas, já que parte do pressuposto de que todo processo é sempre circunstancial, ou seja, determinado por contextos específicos. Outra questão se refere à fidedignidade e à validade dos resultados produzidos pela análise de discurso. Para isso, é preciso levar em conta quatro ponderações: a análise de casos desviantes que escapam ao padrão geral; o entendimento sobre como os participantes respondem na forma de registros de interação (artigos de jornal, cartas e respostas); a coerência, mensurada por meio da avaliação e adequação de estudos anteriores; a avaliação por parte dos leitores, mostrando todo o material analisado, para que eles possam tirar suas próprias conclusões acerca de veracidade e validade, e até mesmo apresentarem interpretações alternativas.

Desse modo, a análise de discurso representa uma análise cuidadosa, que estabelece uma mediação e identificação das implicações estruturais entre texto e contexto, examinando o conteúdo, a organização e as funções presentes no material discursivo.

(.) Ponto final

O presente capítulo procurou oferecer uma síntese acerca de duas importantes técnicas de pesquisa para a análise de material textual: as técnicas de análise de conteúdo e análise de discurso. Vimos que a análise de conteúdo representa uma forma de análise quantitativa de texto, pois busca quantificar a ocorrência de expressões, palavras e enunciados dentro do texto que expressam determinadas visões de mundo. Ela representa uma técnica muito útil para o tratamento de uma grande quantidade de material textual, servindo também para análises longitudinais, ou seja, análises que compreendem um dado recorte temporal ou histórico, se assim o pesquisador tiver acesso aos dados referentes ao período histórico que ele pretende analisar. Vimos também que a realização da análise de conteúdo deve levar em consideração algumas etapas básicas, como pré-análise, descrição analítica e interpretação inferencial.

No caso da análise de discurso, essa técnica tem como propósito possibilitar acesso à organização e às funções presentes no texto, já que parte do princípio de que o discurso também representa uma prática social guiada por valores, intenções e contextos nos quais o locutor ou autor do discurso se encontra inserido. Apesar da análise de discurso representar uma técnica complexa, cujo objetivo se estende para além da quantificação dos textos, é possível realizá-la no âmbito da pesquisa social, principalmente se forem seguidos alguns passos fundamentais: formulação de questões iniciais com base no referencial teórico e problema de pesquisa; seleção dos textos que serão submetidos à análise; transcrição minuciosa do material textual que será analisado; leitura cética do material por parte do pesquisador, com base no levantamento de um conjunto de questionamentos sobre a interpretação e intenções presentes no texto; análise por meio da identificação de regularidades e variabilidade dos dados, a partir das hipóteses de pesquisa que visam fornecer tentativas de interpretações sobre a organização e as funções do discurso; teste de fidedignidade e validade, por meio da análise dos casos desviantes, compreensão dos participantes e análise de coerência; por fim, a descrição minuciosa.

Atividades

1. O que é correto afirmar em relação à análise de conteúdo?
   a. Uma das limitações da análise de conteúdo é a impossibilidade de lidar com uma grande quantidade de material.
   b. A principal utilização da análise de conteúdo é a quantificação de expressões no interior dos textos.
   c. Só é possível utilizar um único tipo de unidade de amostragem na análise de conteúdo.
   d. A construção do referencial de codificação não exige necessariamente códigos exclusivos ou independentes.

2. Sobre os pontos fortes e fraquezas da análise de conteúdo, é possível afirmar:
   a. Entre os pontos fortes da análise de conteúdo, estão a possibilidade de lidar com grandes quantidades de informações e de realizar análises históricas.
   b. Um dos pontos fracos da análise de conteúdo é a impossibilidade de realizar estudos longitudinais.
   c. O principal atributo positivo da análise de conteúdo é o fato dessa técnica enfatizar a organização e função do texto em detrimento das ocorrências de expressões e termos no texto.
   d. Uma das fraquezas da análise de conteúdo é seu caráter pouco sistemático e a impossibilidade de prestar contas publicamente.

3. Sobre a análise de discurso, é correto afirmar:
   a. A análise de discurso é uma técnica antiga, tendo apenas um modo único de aplicação, o que facilita o seu emprego na pesquisa social.
   b. Um dos principais objetivos da análise de discurso é a identificação de frequências de termos e palavras dentro do texto.
   c. O principal papel da análise de discurso é identificar a organização e função do texto.
   d. O sucesso da aplicação da análise de discurso depende do pesquisador considerar o discurso como um objeto neutro, desligado do contexto social e cultural.

(**10**)

Roteiro para elaboração
do projeto de pesquisa

Alexandre da Silva Medeiros
Nilson Weisheimer

O objetivo deste capítulo é apresentar os elementos constitutivos de um projeto de pesquisa em ciências sociais, demonstradas aqui em um roteiro de passos a serem dados para a transformação de aspectos da realidade social – problemas sociais – em problemas sociológicos. Essa passagem pode ser vista como o primeiro procedimento do método sociológico.

Podemos dizer que o método em pesquisa social se refere à escolha de procedimentos sistemáticos para a reconstrução, descrição, compreensão e explicação de fenômenos sociais. O método serve de fio condutor que orienta o cientista na construção do conhecimento da realidade social. Desse modo, a objetividade poderá ser conquistada por meio de um processo metódico de objetivação do fenômeno social pesquisado. O projeto é o guia nesse percurso, no qual o pesquisador registrará antecipadamente seu plano de ação. Primeiramente, apresentaremos as partes constitutivas do projeto de pesquisa, trazendo uma primeira definição sintética para cada um de seus elementos. Na sequência, apresentaremos uma reflexão crítica sobre os elementos centrais do projeto de pesquisa nas ciências sociais: o objeto, o problema e as hipóteses. Estes constituem o centro nervoso do projeto e, por isso, merecem uma atenção especial, de modo a evitar que qualquer descompasso entre eles venha a comprometer o seu trabalho.

(10.1) Projeto de pesquisa: o todo e as partes

Você pode estar se perguntando: "O que é um projeto de pesquisa?"; "Quais são os elementos de um projeto de pesquisa?". Responderemos a essas perguntas nos parágrafos a seguir.

O projeto de pesquisa é um documento formal no qual o pesquisador apresenta, em termos gerais, o que pretende estudar, como pretende fazê-lo e por que deve ser feito tal estudo. Assim, o projeto traz os elementos fundamentais de uma investigação científica, ao mesmo tempo em que servirá de guia na realização do estudo. Ao dizermos que é um documento formal, estamos chamando a atenção para o fato de que se trata de um compromisso assumido pelo pesquisador perante uma instituição científica, ou seja, você não pode dizer que vai fazer uma coisa e acabar realizando algo bem diferente. Por isso, lembre-se de que o projeto de pesquisa é o primeiro passo de sua monografia. O projeto é a semente, a monografia é o fruto. Entre um e outro, você tem bastante trabalho. Por isso, não perca tempo! Um projeto bem construído é meio caminho andado.

Não há um modelo único de projeto de pesquisa. Este poderá variar conforme a instituição para a qual se estará apresentando o projeto. Em uma monografia de enfoque acadêmico, por exemplo, seu projeto deverá ser formado por 10 partes, a serem apresentadas nesta sequência:

1. tema de pesquisa;
2. objeto de estudo;
3. problema de pesquisa;
4. objetivos;
5. justificativa;
6. hipóteses;
7. revisão teórica e conceitual;
8. métodos e técnicas de pesquisa;
9. plano de trabalho e cronograma;
10. referências bibliográficas.

Vejamos, a seguir, cada uma delas.

O TEMA DE PESQUISA corresponde à ideia geral acerca do fenômeno social a ser analisado, referindo-se à linha de investigação e a certo conjunto de assuntos que são tratados nela. Nesse tópico inicial do seu projeto, você deverá, então, delimitar o assunto de um tema de pesquisa, ou seja, um tema é formado por diversos assuntos. Por exemplo: você poderá estar interessado em realizar um estudo sociológico sobre a educação a distância. Mesmo que você ainda não tenha definido o problema de pesquisa, poderá fazê-lo com base em um diálogo com a literatura de sua área temática, identificando os assuntos que são tratados. Nesse exemplo, o tema de pesquisa será a educação e o assunto a ser estudado é a educação a distância. O importante nesse momento é que o aluno possa apresentar o tema e delimitar sua pesquisa.

O OBJETO DE ESTUDO é aquilo que o pesquisador pretende conhecer e/ou explicar de modo científico. Esse objeto não é uma substância que está contida em algo, ao contrário, é uma relação que dá forma ao fenômeno empírico. Isso porque o objeto de estudo nas ciências sociais possui uma natureza relacional, uma vez que ele não é um dado prévio, mas uma construção teórica operacional. O objeto de estudo é como um quebra-cabeça no qual suas peças são os conceitos e as categorias teóricas. Seu trabalho consiste em encaixá-los de modo a formarem um todo coerente. Ou seja, dependerá de como você articula o conjunto de conceitos e categorias à forma que irá tomar o seu objeto de estudo.

Um aspecto para o qual o pesquisador deve estar atento na etapa de construção do objeto é o controle sobre as prenoções que surgem na experiência imediata. Bachelard (1996) chama a atenção para a necessidade de romper com as ideias e noções primeiras acerca dos fenômenos. Segundo o autor, só é possível alcançar objetividade científica se o cientista for capaz de romper com o objeto imediato. O objeto imediato é formado pelas primeiras escolhas e primeiros pensamentos que ganham forma por meio das primeiras experiências perceptivas. A pesquisa, nas ciências sociais, torna premente a constante vigilância epistemológica devida à linha tênue que separa o discurso científico dos enunciados que conformam a opinião comum. De acordo com Deshaies (1992), a construção do objeto não se reduz a simples leitura da realidade, mas cabe ao pesquisador romper com as prenoções, reconstruindo o fato delimitado em função do emprego das categorias abstratas das ciências sociais. Portanto, o processo de pesquisa carrega em si um embate, que situa, de um lado, o pesquisador e, de outro, o conjunto de representações que se encontram preestabelecidas no meio social sobre o objeto em questão.

O PROBLEMA DE PESQUISA se refere ao aspecto da realidade social que se pretende conhecer com base na teoria e metodologia das ciências sociais. O problema desempenha uma função primordial, apontando de forma precisa os fenômenos e as relações entre fenômenos que serão submetidos ao crivo analítico do cientista. Assim, o problema deve ser de natureza social. Ele deverá ser redigido em forma de pergunta, na qual as palavras são conceitos. Na sua elaboração, é necessário se afastar das prenoções, ou seja, o cientista não deve ser motivado por juízos de valor sobre o que é bom ou ruim, melhor ou pior, mas buscar indagar como surge, desenvolve-se, transforma-se ou relacionam-se certos aspectos da realidade social passíveis de observação empírica. Além disso, você não pode estudar uma situação em particular e isoladamente, mas, sim, buscar identificar o conjunto de relações que formam um dado fenômeno sociológico, a fim de poder extrair dele aspectos generalizáveis. Acrescenta-se que o problema de pesquisa deve ter uma certa dose de originalidade, visto que é sempre possível formular novas questões para velhos temas de pesquisa.

Os OBJETIVOS DA PESQUISA correspondem à apresentação de modo explícito do que você pretende com a pesquisa, quais são suas metas, delimitando e sintetizando as questões que você pretende responder, sem estarem, no entanto, escritas na forma de pergunta (isso você já fez no problema de pesquisa). Os objetivos são definidos conforme os elementos e o sentido do problema, sendo fundamentais para estabelecerem a ligação entre o problema e as hipóteses. Os objetivos podem ser gerais e específicos, devendo ser extraídos diretamente do problema de pesquisa. O objetivo geral define a principal meta do trabalho, o que se quer dele como um todo. Os objetivos específicos derivam do geral, referindo-se às questões particulares e aos tópicos do estudo. Os objetivos devem ser redigidos em forma de itens a serem pesquisados, iniciando-se com verbos que indicam as ações a serem realizadas (ex.: descrever, analisar, interpretar, comparar, compreender, explicar).

A JUSTIFICATIVA tem o papel de convencer sobre a importância da realização da pesquisa. Em outras palavras, você deve demonstrar por que deve ser feita a pesquisa. Richardson (2007) aponta algumas questões que devem ser levantadas pelo pesquisador para constituir uma boa justificativa. São elas: Como foi escolhido ou selecionado o fenômeno e como surgiu o problema?; Quais são as razões em defesa do estudo realizado?; Qual a relação entre o problema e o contexto social?; Quais são as possíveis contribuições do estudo, tanto em nível teórico, quanto em nível prático?. O cientista deve apontar também, na justificativa, os possíveis aspectos inovadores de sua pesquisa. Isso apenas não se faz necessário quando a pesquisa está sendo realizada no intuito de replicar outros estudos já realizados sobre o mesmo tema. Por fim, é necessário que a justificativa apresente também referências quanto à escolha do local ou locais que servirão de universo de análise na pesquisa. Isso significa determinar se a pesquisa irá enfocar à uma escala local, regional, nacional ou internacional.

As HIPÓTESES são respostas prováveis e iniciais do problema de pesquisa. São resposta prováveis, por se sustentarem em conhecimentos prévios, originados da teoria social e de outros estudos empíricos. Elas serão testadas com os resultados da pesquisa, momento no qual será possível saber se elas se confirmaram ou não. Nesse sentido, as hipóteses devem ser passíveis de verificação por meio do método e das técnicas de pesquisa propostas no projeto. Você poderá ter uma hipótese geral, que completa o problema e objetivo geral, e hipóteses auxiliares que respondem aos problemas e objetivos específicos. Lembre-se de redigir suas hipóteses de modo preciso. Assim como no problema e nos objetivos, cada palavra é um conceito ou uma categoria analítica, devendo ser adequada e teoricamente fundamentada. Se o projeto de pesquisa é a bússola que orienta a pesquisa, a hipótese é o ponteiro desta.

Na REVISÃO TEÓRICA E CONCEITUAL, você deve apresentar os fundamentos teóricos de seu projeto de pesquisa tornando explícito o seu entendimento de todos os conceitos e de todas categorias presentes no objeto de estudo, no problema de pesquisa, objetivos e nas hipóteses. Uma boa revisão teórica conceitual no projeto, além de dar consistência e coerência teórica à sua proposta, será um ganho para a posterior redação da monografia. Isso será resultado de sua capacidade de realizar um amplo levantamento da bibliografia sobre o seu tema de pesquisa e da sua capacidade de se valer das teorias estudadas ao longo do curso. Recomenda-se que a exposição desse item tenha uma coerência lógica. Por exemplo: iniciando pela exposição dos construtos teóricos mais gerais, para depois, os mais específicos, relacionados diretamente ao seu tema e objeto, detendo-se em cada um dos tópicos, conforme ordenado nos problemas, nos objetivos e nas hipóteses.

Nos MÉTODOS E TÉCNICAS DE PESQUISA, você deve apresentar o detalhamento de todos os procedimentos operacionais do estudo (esse é o conteúdo dessa disciplina). Será um estudo que irá se valer de método quantitativo ou qualitativo? Quais as técnicas de construção dos dados a serem utilizados? Como essas informações serão analisadas? Trata-se da descrição detalhada do método e das suas técnicas correspondentes, que serão utilizados para responder ao problema de pesquisa e testar as hipóteses. Deverá constar qual é o universo de abrangência do estudo, a sua unidade de análise e como será construída a amostra que compõe a pesquisa. Além disso, você deverá apresentar não só o que é cada técnica de coleta de dado, mas também como serão realizados os procedimentos de construção das informações e de sua análise.

O PLANO DE TRABALHO E CRONOGRAMA corresponde à organização das tarefas e ações a serem realizadas durante a pesquisa, visando atingir determinadas metas ao longo do tempo. O plano de trabalho e o cronograma servem para determinar o momento em que será realizada cada tarefa da pesquisa, permitindo o controle e a administração das tarefas no tempo, assegurando a execução contínua da pesquisa.

Por fim, no projeto devem constar as REFERÊNCIAS BIBLIOGRÁFICAS, que são a ordenação de todas as bibliografias utilizadas na redação de seu projeto e que devem ser apresentadas em conformidade com as normas em vigor da Associação Brasileira de Normas Técnicas (ABNT).

(10.2) O problema de pesquisa

O objetivo das ciências sociais é lançar luz sobre uma variedade de fatos e fenômenos que se manifestam na sociedade. A partir do interesse sobre determinado fenômeno, o pesquisador é obrigado a enfrentar uma série de interrogações: O que o cientista social pode encontrar quando não sabe o que procura?; O que o cientista deve fazer?; Como o cientista deve investigar o fenômeno?; O que cientista deve investigar em relação ao fenômeno? (Deshaies, 1992).

Embora essas questões, em um primeiro momento, possam parecer triviais, elas são cruciais na construção do projeto de pesquisa. As respostas a tais questões começam a ser postas no momento em que o pesquisador define de forma clara, precisa e lógica o problema de pesquisa. O problema de pesquisa é o responsável por fornecer sentido ao raciocínio científico. É ele que representa o vetor que aponta a direção que o cientista deve percorrer, estruturando as etapas, os rumos e os procedimentos que devem ser adotados, determinando, inclusive, as informações a serem coletadas. Portanto, o estabelecimento de forma clara e precisa do problema representa uma das etapas cruciais na elaboração do projeto de pesquisa. Pode-se afirmar, por analogia, que o problema é como uma espécie de piloto automático que determina e guia as etapas posteriores da pesquisa (Laville; Dionne, 1999, p. 85). Por isso, é muito importante que ele seja construído com rigor e precisão.

De acordo com Deshaies (1992), a construção do problema de pesquisa implica que o cientista leve em consideração alguns aspectos, como a familiarização com o domínio da pesquisa, a clarificação das ideias e a determinação do alcance, do objeto e da finalidade que a investigação deverá cumprir (Deshaies, 1992). Para se aventurar na análise de determinado fenômeno, é preciso que o cientista tenha certo domínio sobre o objeto. Isso pode se dar por meio de experiência empírica, da realização de um estudo exploratório visando reunir elementos da realidade que permitam maior familiaridade com as questões envolvidas com o fenômeno ou, sobretudo, por meio da revisão bibliográfica dos principais paradigmas que explicam o fenômeno em questão.

Reunido o material sobre o fenômeno, é preciso organizá-lo e, para isso, torna-se imprescindível uma clarificação acerca daquilo que será investigado, das relações entre os fenômenos que serão abordados. Em outras palavras, é preciso fornecer certa ordem aos elementos da realidade. Essa ordem é de natureza abstrata, tendo em vista que os fenômenos, quando se apresentam na realidade, são revestidos de complexidade. A clarificação das ideias pressupõe também um esforço no sentido de delimitação do alcance, dos objetivos e das finalidades que a investigação deverá percorrer. Os fenômenos podem ser investigados com base em estratégias teóricas e metodológicas distintas, pois cada pesquisador tem um ponto de vista diferente. O mesmo fenômeno pode ser analisado de formas diferentes, pois cada pesquisador estabelece objetivos e finalidades diferentes.

De acordo com Laville e Dionne (1999), a construção do problema de pesquisa envolve uma dupla motivação: o preenchimento de lacunas nos conhecimentos – ou em que sentido a análise de determinado problema de pesquisa irá contribuir para o aprimoramento da reflexão teórica sobre o tema – e a contribuição para a resolução de problemas presentes na sociedade – em que medida as descobertas teóricas acarretarão melhorias ou soluções no sentido de servir de subsídio à elaboração de políticas públicas ou de guia às ações positivas (Laville; Dionne, 1999). Portanto, é preciso que o cientista se pergunte qual a pertinência do seu problema de pesquisa, tanto do ponto de vista teórico quanto do prático.

Sabemos, portanto, que o problema de pesquisa representa uma dificuldade que o cientista propõe solucionar. Mas como identificamos um verdadeiro problema de pesquisa? No cotidiano, os indivíduos em geral, e não apenas os cientistas, constantemente se deparam com dificuldades e problemas que devem ser solucionados. O que distingue os problemas científicos dos problemas do cotidiano? O problema da pesquisa científica representa aquele que pode ser solucionado por meio de conhecimentos e dados existentes ou disponíveis, ou com aquelas informações que são factíveis de serem construídas. Sendo assim, não devem ser considerados problemas científicos aqueles que são resolvidos por meio da intuição, da tradição, do senso comum ou da especulação. A marca do problema científico é o fato da resolução dele se basear em informações e dados obtidos com a finalidade de contribuir com sua resolução (Laville; Dionne, 1999, p. 87).

Podemos nos perguntar também qual é a origem dos problemas. A ciência tradicional buscou se distinguir de outras formas de produção de inteligibilidade por meio da separação entre sujeito e objeto. Vimos que essa estratégia, de acordo com Morin (2007), no lugar de contribuir para o aprimoramento do conhecimento científico, apenas acarretou sua mistificação com consequências graves no campo da ética. A separação entre sujeito e objeto visava simplesmente anular a influência das experiências, dos valores e dos complexos existenciais do sujeito na formação do conhecimento. A negação da "fonte impura", mesmo do conhecimento com aparência mais racional, a ruptura do elo entre existencialidade e produção intelectual dos cientistas. No entanto, será ainda possível hoje negar o elo entre sujeito e objeto, e as ações e retroações que ligam ambos? Nas palavras de Santos (2002, p. 84):

> Hoje sabemos ou suspeitamos que as nossas trajetórias de vida pessoais e coletivas (enquanto comunidades científicas) e os valores, as crenças e os preconceitos que transportam são a prova íntima do nosso conhecimento, sem o qual as nossas investigações laboratoriais ou de arquivo, os nossos cálculos ou os nossos trabalhos de campo constituiriam um emaranhado de diligências absurdas sem fio nem pavio.
>
> No entanto, este saber das nossas trajetórias e valores, do qual podemos ou não ter consciência, corre subterrânea e clandestinamente, nos pressupostos não ditos do nosso discurso científico.

Tal regra serve também para entendermos o caso da gênese dos problemas. A construção do problema de pesquisa se inscreve na ordem dos esquemas de ação dos sujeitos, o que significa afirmar, em outras palavras, que a elaboração do problema de pesquisa é influenciada pelos traços pessoais e idiossincráticos do pesquisador. Cada pesquisador possui características variáveis, traços de personalidade e formação distintos. As capacidades de assimilação e de adaptação são diferentes em cada indivíduo. De acordo com Deshaies (1992, p. 179), os aspectos que determinam essa espécie de plasticidade individual são responsáveis por imprimir marcas profundas no problema de pesquisa (1992, p. 179-180). É fato que duas pessoas jamais percebem o mesmo problema de investigação da mesma maneira ou do mesmo ângulo. A experiência pessoal é responsável por determinar as escolhas e os posicionamentos que o cientista irá assumir no momento da construção do problema de investigação.

Portanto, é com base em nossas experiências pessoais e singulares que delineamos nossas interrogações iniciais, assim como a formação do interesse por determinados temas e problemas também está subordinado aos traços idiossincráticos da experiência dos indivíduos. A experiência pessoal do pesquisador é responsável por deixar marcas profundas na construção do problema de investigação. Deshaies (1992, p. 179-180) nos mostra as implicações da experiência pessoal na elaboração do problema de pesquisa:

> Este subjetivismo inevitável ("Infelizmente!", afirmam os partidários da objetividade) deixa no problema uma marca singular que, longe de se opor à ciência, a enriquece com as perspectivas originais de cada um. Podemos dizer, se quisermos, que a investigação não pode passar sem a imaginação do investigador.

O problema é produto de um ato de criação que envolve a bagagem cultural de cada pesquisador. É com base na experiência pessoal que o cientista fornece forma, sentido e conteúdo ao problema de investigação. Cabe, no entanto, perguntarmo-nos, quais são os aspectos da experiência pessoal que influem mais diretamente na forma assumida pelo problema?

(10.3) Quadro epistemológico do problema: o papel da problemática na construção do problema

A problemática representa o quadro de referência no qual se situa a percepção do cientista em relação a um determinado problema. Podemos chamá-lo também de *quadro epistemológico*, que agrupa os componentes, tanto teóricos quanto factuais, que permitem inteligibilidade aos problemas de pesquisa. A consciência sobre determinado problema está vinculada à problemática. Será ela que determinará as diferenças quanto ao modo de perceber um determinado fenômeno e sua articulação com outros fatos. Podemos dizer então que o problema representa a ponta do *iceberg*, enquanto a problemática representa a parte escondida. De acordo com Laville e Dionne (1999), essa parte escondida, é formada por fatos, conceitos, teorias e métodos, componentes essenciais que dão sentido ao problema.

Como a problemática atua, de forma mais precisa, na construção do problema? Que formas de inteligibilidade ela fornece ao problema? De acordo com Laville e Dionne (1999), a problemática assume dois níveis que variam conforme avança a construção do problema de investigação. São elas: a) problemática sentida e b) problemática racional-enunciada.

A problemática sentida é representada pelo conjunto de fatores esparsos formados por fatos, teorias e conceitos, e também pelos valores do cientista. A problemática sentida se caracteriza por ser mais intuitiva do que propriamente racional, por sua vez, permitindo que o cientista adquira consciência sobre determinado problema de pesquisa. Portanto, refere-se à etapa inicial, ao primeiro momento de tomada de consciência sobre o problema, determinado, sobretudo, pelos valores e conhecimentos esparsos do cientista. Representa, portanto, a experiência imediata, o primeiro contato.

Na etapa da problemática sentida, as capacidades intuitivas, assentadas em conhecimentos e valores esparsos, ocupam maior importância e peso que os procedimentos propriamente racionais e metódicos. Por isso, cabe ao pesquisador dar um passo para além da problemática sentida por meio da objetivação do problema. É preciso, então, que o cientista estabeleça a passagem da percepção intuitiva do problema para um domínio racional e metódico. Situando em outras palavras, isso representa a passagem da problemática sentida para a problemática racional-enunciada.

Conforme afirmado no parágrafo anterior, para realizar com sucesso essa passagem, é preciso um processo de objetivação que consiste na clarificação e delimitação precisa dos componentes (fenômenos e conceitos) que formam o problema de pesquisa. Isso é realizado por meio da substituição daquelas categorias fornecidas pela percepção primeira, pelas categorias abstratas fornecidas pela ciência. Portanto, a percepção do problema inicia por meio de uma problemática pessoal, firmada na intuição do cientista. Após a etapa de conscientização do problema, o cientista deve direcionar seus esforços na construção de uma problemática racional. Para isso, ele deve converter o problema de pesquisa em significativo, delimitando-o e formulando-o na forma de pergunta. Logo, na passagem da problemática sentida para a problemática racional, o problema formulado na forma de pergunta deve ser significativo (contribuir no progresso da pesquisa), precisa ter clareza (para o pesquisador e para os indivíduos a que a pesquisa será comunicada) e necessita ser operacional (não basta o problema ser significativo e claro, se ele não é realizável do ponto de vista metodológico).

(10.4) Uma boa hipótese é "meio caminho andado"

As hipóteses representam uma etapa tão importante na construção do projeto de pesquisa quanto o problema. Elas exigem o mesmo grau de rigor que o cientista deve investir na construção do problema de pesquisa. De nada adianta o cientista ter um problema de pesquisa formulado de forma coerente se suas hipóteses não correspondem ao mesmo grau de rigor e precisão. Lakatos e Marconi (2006, p. 137-138), com base em uma revisão da literatura especializada, situam sete atributos fundamentais na construção de uma definição sobre as hipóteses. São eles:

1. as hipóteses representam uma suposta, provável e provisória resposta a um determinado problema;
2. as hipóteses devem ser submetidas à verificação no intuito de serem comprovadas ou refutadas – portanto, devem ser empiricamente verificadas em suas consequências;
3. as hipóteses são responsáveis por informarem sobre os fatos e fenômenos, explicando-os, verificando seu relacionamento e descobrindo seu ordenamento;

4. as hipóteses desempenham uma importante função no sentido de delimitar a área de observação e de experimentação com a finalidade de descobrir a ordem entre os fatos;
5. as hipóteses apontam relações existentes entre duas ou mais variáveis;
6. as hipóteses necessitam de coerência externa – o que significa a correlação da hipótese com as teorias existentes ou, em outras palavras, necessidade de hipóteses coerentes (compatíveis) com o acervo do conhecimento científico existente;
7. as hipóteses têm necessidade também de consistência lógica (coerência interna); os componentes que a compõem não podem estar em contradição.

Lakatos e Marconi (2006, p. 137-138) levantam uma série de questões que justificam a importância da construção de hipóteses no projeto de pesquisa. Entre as questões mais importantes, destacam-se as seguintes:

- orientar a busca entre os fatos – não é possível dar qualquer passo adiante em uma pesquisa, se, depois de enunciar a dificuldade (problema) que originou a pesquisa não iniciarmos com uma explicação ou solução para ela (enunciando uma hipótese); a hipótese representa uma proposição antecipadora à comprovação de uma realidade: propomos, por meio dela, uma resposta a um problema, sem sabermos se as observações, fatos ou dados a aprovarão ou refutarão;
- as hipóteses representam suposições provisórias, cuja ajuda é essencial na explicação dos fatos;
- formam um elo entre fatos e teorias: a passagem dos fatos à teoria dá-se por intermédio das hipóteses;
- além da importância preditiva (discernimento sobre quais fatos e fenômenos devem ser observados), as hipóteses também permitem explicar observações já realizadas (hipóteses *post-factum*).

Bourdieu, Chamboredon e Passeron (1999) ressaltam que as hipóteses desempenham um importante papel epistemológico, sobretudo, contribuindo com a ruptura epistemológica necessária à objetivação do problema. Se o cientista se priva de elaborar hipóteses explícitas, com base nas categorias abstratas da sociologia (teoria), ele acaba abrindo uma brecha para que suas intuições e senso comum atuem na interpretação do fenômeno. A não explicitação de hipóteses com base em um referencial teórico, para Lakatos e Marconi (2006), cria condições para que concepções implícitas da realidade atuem de forma inconsciente e sem o controle do pesquisador.

Nesse caso, tão importante quanto objetivar o problema de pesquisa é a objetivação das hipóteses, com base em um dado referencial teórico. Para Lakatos e Marconi (2006, p. 145-146), além do importante papel epistemológico de objetivação, as hipóteses também são responsáveis por desempenhar outras funções, tais como:

- dirigir o trabalho do cientista, constituindo-se em princípio de invenção e progresso – à medida que auxilia de fato a imaginar os meios a aplicar e os métodos a utilizar no prosseguimento da pesquisa;
- coordenar os fatos já conhecidos, ordenando os materiais acumulados pela observação – a inexistência de uma hipótese levaria ao amontoamento de observações estéreis;
- generalizar uma experiência, quer resumindo, quer ampliando os dados empíricos disponíveis;
- desencadear inferências, como afirmações ou conjecturas iniciais sobre o caráter, a quantidade ou as relações entre os dados;
- atuar na tarefa de interpretação (hipóteses explicativas) de um conjunto de dados ou de outras hipóteses.

Assim como no caso do problema, a experiência pessoal do cientista pode representar uma importante fonte para a elaboração das hipóteses. Além da experiência pessoal, existem também outros aspectos que podem influenciar na formulação das hipóteses:

- conhecimento familiar (inferências derivadas do senso comum);
- observação dos fatos ou possíveis correlações;
- comparação com outros estudos;
- dedução lógica de uma teoria – das proposições lógicas de uma teoria é possível também chegar a uma hipótese;
- a cultura geral na qual a ciência se desenvolve;
- analogias – as observações causais da natureza, assim como a análise do quadro de referência de outra ciência, podem ser fontes de hipóteses por analogia;
- casos discrepantes na própria teoria.

Hipóteses e problema devem estar em forte conexão entre si e com o referencial teórico. Isso permitirá o desenvolvimento bem-sucedido do trabalho científico. Por isso, não é à toa a afirmação de que problema e hipóteses representam, juntos, o alicerce da pesquisa científica. Um projeto sem problema e hipóteses, ou que simplesmente negligencia o rigor e cuidados na elaboração precisa desses dois componentes, torna o trabalho científico de raciocínio sem rumo ou direção, pois como o cientista irá investigar e procurar respostas, se nem ao menos sabe o que procura ou investiga?

(.) Ponto final

Neste capítulo trouxemos orientação para a elaboração de seu projeto de pesquisa, descrevendo suas partes e tecendo considerações para que você possa construir de forma consciente seu objeto de estudo, problema de pesquisa e hipóteses. Argumentou-se sobre a necessidade de promover uma ruptura epistemológica com as ideias iniciais sobre o fenômeno, as primeiras impressões e prenoções. Isso se justifica devido ao fato de que o objeto não se reduz a uma simples leitura da realidade.

Após o exercício reflexivo acerca da natureza do objeto nas ciências sociais, enfocamos a elaboração do problema de pesquisa. O problema ocupa uma posição central na construção do projeto, sendo responsável por definir as etapas seguintes da pesquisa, das hipóteses aos objetivos da análise. No entanto, o estabelecimento das hipóteses também representa uma etapa crucial na construção do projeto. Se o problema representa a dificuldade à qual o cientista se propõe a responder analiticamente, com base em uma estratégia teórica e metodológica, as hipóteses representam a tentativa de solução fornecida pelo cientista. Problema e hipóteses são responsáveis por determinar os rumos e limites que o pesquisador deve percorrer.

Atividades

1. Sobre o objeto nas ciências sociais, é correto afirmar:
   a. O objeto é dado por meio da observação direta da realidade.
   b. O objeto deve ser construído priorizando as primeiras impressões e noções fornecidas pela experiência imediata do pesquisador.
   c. O objeto não representa uma simples leitura da realidade, mas exige um esforço de ruptura com as impressões e noções fornecidas ao cientista pela experiência imediata.
   d. A objetividade científica encontra seu princípio na observação fiel dos fatos.

2. Sobre o problema de pesquisa, é correto afirmar:
   a. A resolução do problema de pesquisa depende, sobretudo, da capacidade intuitiva do cientista.

b. Sabemos que um problema de pesquisa é verdadeiro quando a tomada de consciência dele ocorre de modo independente da experiência pessoal do pesquisador.
c. O problema de pesquisa se refere ao quadro epistemológico que serve de referência à construção da problemática.
d. Na problemática sentida, a intuição do cientista exerce maior peso que os procedimentos racionais e metódicos.

3. Sobre as hipóteses, é correto afirmar:
   a. As hipóteses representam suposições provisórias que são estabelecidas *a priori* pelos cientistas como proposições antecipadoras à comprovação de uma determinada realidade.
   b. As hipóteses não permitem explicar observações já realizadas, porque são enunciados construídos de forma anterior à comprovação de determinada realidade.
   c. As hipóteses não podem ser deduzidas da teoria, mas unicamente do problema de pesquisa.
   d. Antes de elaborar as hipóteses, é imprescindível que o pesquisador acumule uma massa abundante de dados.

Referências

ANDER-EGG, Ezequiel. *Introducción a las técnicas de investigación social para trabajadores sociales.* Buenos Aires: Humanitas, 1976.

ARON, Raymond. *As etapas do pensamento sociológico.* São Paulo: M. Fontes, 2008.

BACHELARD, Gaston. *Formação do espírito científico.* Contraponto: Rio de Janeiro, 1996.

BARDIN, Laurence. *Análise de conteúdo.* Lisboa: Edições 70, 1979.

BARROS, Antônio Teixeira de. Ecologia em revistas: análise de conteúdo das revistas Veja e IstoÉ nas décadas de 1970 a 1990. *Ciberlegenda,* Rio de Janeiro, v. 4, n. 4, 2001.

BARTHES, Roland. *Mitologias.* Rio de Janeiro: Bertrand Brasil; Difel, 1993.

BASSNETT, Susan. *Estudos de tradução.* Tradução de Vivina Almeida Carreira de Campos Figueiredo. Lisboa: Calouste Gulbenkian, 2003.

BAUER, Martin W.; GASKELL, George. *Pesquisa qualitativa com texto, imagem e som*: um manual prático. Petrópolis: Vozes, 2002.

BAUMAN, Zygmunt. *Modernidade e holocausto.* Rio de Janeiro: J. Zahar, 1998.

BEAUD, Stéphane; WEBER, Florence. *Guia para a pesquisa de campo*: produzir e analisar dados etnográficos. Tradução de Sergio Joaquim de Almeida. Petrópolis: Vozes, 2007.

BECHHOFER, Frank; PATERSON, Lindsay. *Principles of Research Design in the Social Sciences.* London: Routledge, 2000.

BECKER, Howard. *Métodos de pesquisa em ciências sociais.* São Paulo: Hucitec, 1999.

BELL, Judith. *Projeto de pesquisa*: guia para pesquisadores iniciantes em educação, saúde e ciências sociais. Porto Alegre: Artmed; Bookman, 2008.

BOURDIEU, Pierre. *A distinção*: crítica social do julgamento. São Paulo: Edusp; Porto Alegre: Zouk, 2007.

BOURDIEU, Pierre. A ilusão biográfica. In: _____. *Razões práticas*: sobre a teoria da ação. Campinas: Papirus, 1996.

BOURDIEU, Pierre; CHAMBOREDON, Jean-Claude; PASSERON, Jean-Claude. *A profissão de sociólogo*: preliminares epistemológicas. Petrópolis: Vozes, 1999.

BURKE, Peter (Org.). *A escrita da história*: novas perspectivas. São Paulo: Ed. da Unesp, 1992.

CAMARGO, Aspásia. Os usos da história oral e da história de vida: trabalhando com elites políticas. *Dados – Revista de Ciências Sociais*, Rio de Janeiro, v. 27, n. 1, 1984.

CARDOSO, Ciro Flamarion; BRIGNOLI, Héctor Pérez. *Os métodos da história*. Rio de Janeiro: Graal, 1990.

CASTORIADIS, Cornelius. *As encruzilhadas do labirinto IV*: a ascensão da insignificância. Tradução de Regina Vasconcellos. São Paulo: Paz e Terra, 2002.

CASTRO, Maria Helena Steffens de. O trabalho social da publicidade: um estudo na Revista do Globo. *Comunicação, Mídia e Consumo*, São Paulo, v. 4, n. 11, p. 27-47, nov. 2007.

CHALMERS, Alan. *A fabricação da ciência*. São Paulo: Ed. da Unesp, 1994.

COHEN, Robert; KENNEDY, Paul. *Global Sociology*. Suffolk, UK: Aardvark Editorial, 2000.

COLLINGWOOD, Robin George *A ideia de história*. Lisboa: Presença, 1986.

COMBESSIE, Jean-Claude. *O método em sociologia*: o que é, como se faz. São Paulo: Edições Loyola, 2004.

COMTE, Auguste. *Curso de filosofia positiva; Discurso sobre o espírito positivo; Discurso preliminar sobre o conjunto do positivismo; Catecismo positivista*. São Paulo: Abril Cultural, 1978. (Coleção Os Pensadores).

CORTES, Soraya M. Vargas. Técnicas de coleta e análise qualitativa de dados. *Cadernos de Sociologia*, Porto Alegre, v. 9, p. 11-47, 1998.

DESHAIES, Bruno. *Metodologia da investigação em ciências humanas*. Lisboa: Instituto Piaget, 1992.

DURKHEIM, Émile. *As regras do método sociológico*. São Paulo: Abril Cultural, 1978. (Coleção Os Pensadores).

EISENSTADT, Shmuel Noah. *De geração a geração*. São Paulo: Perspectiva, 1976.

FEYERABEND, Paul. *Contra o método*. São Paulo: Ed. da Unesp, 2007.

FISCHER, Rosa Maria Bueno. Foucault e a análise do discurso em educação. *Cadernos de Pesquisa*, São Paulo, n. 114, nov. 2001.

FLICK, Uwe. *Introdução à pesquisa qualitativa*. Porto Alegre: Artmed; Bookman, 2009.

FONSECA, Claudia. Quando cada caso não é um caso: pesquisa etnográfica e educação. *Revista Brasileira de Educação*, São Paulo, n. 10, p. 58-78, jan./abr. 1999.

FOUCAULT, Michel. *A arqueologia do saber*. Rio de Janeiro: Forense, 1986.

_____. *A ordem do discurso*. São Paulo: Edições Loyola, 2002.

_____. *La vida de los hombres infames*. Buenos Aires: Altamira; Montevidéu: Nordan-Comunidad, 1992.

_____. *Vigiar e punir*: história da violência nas prisões. Petrópolis: Vozes, 1987.

FOUREZ, Gérard. *A construção das ciências*: introdução à filosofia e à ética das ciências. Tradução de Luiz Paulo Rouanet. São Paulo: Ed. da Unesp, 1995.

GASKELL, George. Entrevistas individuais e grupais. In: BAUER, Martin W.; GASKELL, George (Ed.). *Pesquisa qualitativa com texto, imagem e som*: um manual prático. Petrópolis: Vozes, 2002. p. 64-89.

GENZUK, Michael. *A Synthesis of Ethnographic Research*. Occasional Paper Series. Center for Multilingual, Multicultural Research (Eds.). Los Angeles: University of Southern California, 1993.

GIDDENS, Anthony. *Sociologia*. 4. ed. Porto Alegre: Artmed, 2005.

GIL, Antonio Carlos. *Como elaborar projetos de pesquisa*. 3. ed. São Paulo: Atlas, 1996.

_____. *Métodos e técnicas de pesquisa social*. São Paulo: Atlas, 2008.

GINZBURG, Carlo. *O queijo e os vermes*. São Paulo: Cia. das Letras, 1987.

GOFFMAN, Erving. *Manicômios, prisões e conventos*. São Paulo: Perspectiva, 1999.

GOMES, Mércio Pereira. *Antropologia*: ciência do homem, filosofia da cultura. São Paulo: Contexto, 2008.

GONZÁLEZ CASANOVA, Pablo. *As novas ciências e as humanidades*: da academia à política. São Paulo: Boitempo, 2006.

GREGOLIN, Maria do Rosario. Análise do discurso e mídia: a (re)produção de identidades. *Comunicação, Mídia e Consumo*, São Paulo, v. 4, n. 11, p. 11-25, nov. 2007.

HARVEY, David. *A produção capitalista do espaço*. São Paulo: Annablume, 2006.

_____. *Condição pós-moderna*. São Paulo: Edições Loyola, 1993.

_____. *Spaces of global capitalism*: Towards a Theory of Uneven Geographical Development. London; New York: Verso, 2005.

HOBSBAWM, Eric. *A era dos extremos*: o breve século XX (1914-1991). São Paulo: Cia. das Letras, 1995.

HOLANDA, Sérgio Buarque de. O atual e o inatual em Leopold von Ranke. In: HOLANDA, Sérgio Buarque de (Org.). *Leopold von Ranke*: história. São Paulo: Ática, 1979. (Grandes Cientistas Sociais, n. 8).

IANNI, Octavio. *A era do globalismo*. Rio de Janeiro: Civilização Brasileira, 1996.

_____. *A sociedade global*. Rio de Janeiro: Civilização Brasileira, 1992.

IÑIGUEZ, Lupicinio. *Manual de análise do discurso em ciências sociais*. Petrópolis: Vozes, 2004.

JOVCHELOVITCH, Sandra; BAUER, Martin W. Entrevista narrativa. In: BAUER, Martin W.; GASKELL, George (Ed.). *Pesquisa qualitativa com texto, imagem e som*: um manual prático. Petrópolis: Vozes, 2002.

LAKATOS, Eva Maria; MARCONI, Marina de Andrade. *Fundamentos de metodologia científica*. São Paulo: Atlas, 1985.

_____. 6. ed. São Paulo: Atlas, 2006.

LAPLANTINE, François. A antropologia cultural. In: _____. *Aprender antropologia*. Tradução de Marie-Agnés Chauvel. São Paulo: Brasiliense, 1988. p. 119-128.

LAVILLE, Christian; DIONNE, Jean. *A construção do saber*: manual de metodologia da pesquisa em ciências humanas. Porto Alegre: Artmed, 1999.

LÖWY, Michael. *As aventuras de Karl Marx contra o Barão de Münchhausen*: marxismo e positivismo na sociologia do conhecimento. São Paulo: Cortez, 2000.

MALINOWSKI, Bronislaw. Objeto, método e alcance desta pesquisa. In: GUIMARÃES, Alba Zaluar (Org.). *Desvendando máscaras sociais.* Rio de Janeiro: F. Alves, 1990. p. 39-61.

MATURANA, Humberto. *A ontologia da realidade.* Belo Horizonte: Ed. da UFMG, 1997.

MAY, Tim. *Pesquisa social*: questões, métodos e processos. 3. ed. Porto Alegre: Artmed, 2004.

MELLO, Marcelo Moura. *Caminhos criativos da história*: territórios da memória em uma comunidade negra rural. 2008. 293 f. Dissertação (Mestrado em Antropologia Social) – Universidade Estadual de Campinas, Campinas, 2008.

MICHALET, Charles-Albert. *O capitalismo mundial.* Rio de Janeiro: Paz e Terra, 1983.

_____. *O que é a mundialização?* São Paulo: Edições Loyola, 2003.

MINAYO, Maria Cecília de Souza. *O desafio do conhecimento*: pesquisa qualitativa em saúde. São Paulo: Hucitec; Rio de Janeiro: Abrasco, 1992.

_____. _____. Rio de janeiro: Hucitec, 2000.

MORIN, Edgar. *Ciência com consciência.* 7. ed. rev. e ampl. Rio de Janeiro: Bertrand Brasil, 2003.

_____. *O método III*: o conhecimento do conhecimento. Porto Alegre: Sulina, 1999.

_____. *O método VI*: ética. Porto Alegre: Sulina, 2007.

PINTO, Céli Regina Jardim. *Com a palavra o senhor presidente José Sarney*: o discurso do Plano Cruzado. São Paulo: Hucitec, 1989.

RAGIN, Charles. *The Comparative Method*: Moving Beyond Qualitative and Quantitative Strategies. Berkeley: University of California Press, 1987.

REIS, José Carlos. A escola metódica dita positivista. In: _____. *A história entre a filosofia e a ciência.* São Paulo: Ática, 1999.

RICHARDSON, Roberto Jarry. *Pesquisa social*: métodos e técnicas. São Paulo: Atlas, 1985.

_____. _____. 2. ed. São Paulo: Atlas, 1989.

_____. _____. 3 ed. São Paulo: Atlas, 2007.

_____. _____. 3. ed. rev. e ampl. São Paulo: Atlas, 2008.

RICOEUR, Paul. *Tempo e narrativa.* Campinas: Papirus, 1984.

ROCHA, Ana Luiza Carvalho da; ECKERT, Cornélia. Etnografia: saberes e práticas. In: PINTO, Celi Regina Jardim; GAZZELLI, Cesar A. Barcellos (Org.). *Ciências humanas*: pesquisa e método. Porto Alegre: Ed. da UFRGS, 2008.

ROCHA, Maria Simone. Análise de conteúdo articulada à análise de gênero televisivo: proposta metodológica para interpretação das representações nas narrativas mediáticas. *Revista Fronteiras: Estudos Midiáticos*, São Leopoldo, RS, v. 10, n. 2, p. 121-134, maio/ago. 2008.

ROJO, Luisa Martins. A fronteira interior: análise crítica do discurso – um exemplo sobre racismo. In: IÑIQUEZ, Lupicinio (Coord.). *Manual de análise do discurso em ciências sociais.* Petrópolis: Vozes, 2004. p. 206-257.

SABAT, Ruth. Gênero e sexualidade para consumo. In: LOURO, Guacira Lopes; NECKEL, Jane Felipe; GOELNER, Silvana (Org.). *Corpo, gênero e sexualidade*: um debate contemporâneo na educação. Petrópolis: Vozes, 2003. p. 149-160.

SAHLINS, Marshal. *Cultura na prática.* Rio de Janeiro: Ed. da UFRJ, 2004.

SALAINI, Cristian Jobi. *"Nossos heróis não morreram"*: um estudo antropológico sobre formas de "ser negro" e de "ser gaúcho" no estado do Rio Grande do Sul. 2006. 144 f. Dissertação (Mestrado em Antropologia Social) – Universidade Federal do Rio Grande do Sul, Porto Alegre, 2006.

SANTOS, Boaventura de Sousa. *Para um novo senso comum*: a ciência, o direito e a política na transição paradigmática. São Paulo: Cortez, 2002.

SCHNEIDER, Sergio; SCHIMITT, Cláudia Job. O uso do método comparativo nas Ciências Sociais. *Cadernos de Sociologia*, Porto Alegre, v. 9, p. 49-87, 1998.

SCHOENBERG, Ronald. Strategies for meaningful comparison. In: COSTNER, Herbert L. (Ed.). *Sociological methodology.* San Francisco: Jossey--Bass, 1972, p. 1-35.

STRAUSS, Anselm; CORBIN, Juliet. *Pesquisa qualitativa*: técnicas e procedimentos para o desenvolvimento de teoria fundamentada. Porto Alegre: Artmed, 2008.

TASCHETTO, Leonidas Roberto. *Profissão policial*: efeitos de sentidos de ambivalência nos dizeres dos alunos-policiais (o que dizem, como dizem e por que dizem?). 2002. Dissertação (Mestrado em Educação) – Programa de Pós-Graduação em Educação, Universidade Federal do Rio Grande do Sul, Porto Alegre, 2002.

TRIVIÑOS, Augusto Nibaldo Silva. *Introdução à pesquisa em ciências sociais*: a pesquisa qualitativa em educação. São Paulo: Atlas, 1987.

WEBER, Max. *A ética protestante e o espírito do capitalismo.* São Paulo: Cia. das Letras, 2004.

WHYTE, Willian Foote. *Sociedade de esquina*: a estrutura social de uma área urbana pobre. Rio de Janeiro: J. Zahar, 2005.

WHYTE, Willian Foote. Treinando a observação participante. In: GUIMARÃES, Alba Zaluar (Org.). *Desvendando máscaras sociais.* Rio de Janeiro: Francisco Alves, 1990. p. 77-86.

Gabarito

Capítulo 1
1. d
2. c
3. b

Capítulo 2
1. d
2. d
3. b

Capítulo 3
1. d
2. c
3. a

Capítulo 4
1. c
2. a
3. c

Capítulo 5
1. d
2. a
3. c

Capítulo 6
1. a
2. c
3. d

Capítulo 7
1. c
2. a
3. d

Capítulo 8
1. a
2. c
3. b

Capítulo 9
1. b
2. a
3. c

Capítulo 10
1. c
2. d
3. a

Os papéis utilizados neste livro, certificados por instituições ambientais competentes, são recicláveis, provenientes de fontes renováveis e, portanto, um meio responsável e natural de informação e conhecimento.

FSC
www.fsc.org
MISTO
Papel produzido a partir de fontes responsáveis
FSC® C074432

Impressão: Maxi Gráfica
Novembro / 2018